中国体育学文库

| 体育人文社会学 |

公共体育服务购买中政社合作机制研究

张小航 著

北京体育大学出版社

策划编辑　孙宇辉
责任编辑　陆继萍
责任校对　井亚琼
版式设计　中联华文

图书在版编目（CIP）数据

公共体育服务购买中政社合作机制研究 / 张小航著
. -- 北京：北京体育大学出版社，2024.2
ISBN 978-7-5644-3913-2

Ⅰ.①公… Ⅱ.①张… Ⅲ.①群众体育－社会服务－政府采购制度－研究－中国 Ⅳ.① G812.4

中国国家版本馆 CIP 数据核字（2023）第 186997 号

公共体育服务购买中政社合作机制研究　　张小航　著
GONGGONG TIYU FUWU GOUMAI ZHONG ZHENGSHE HEZUO JIZHI YANJIU

出版发行：北京体育大学出版社
地　　址：北京市海淀区农大南路 1 号院 2 号楼 2 层办公 B-212
邮　　编：100084
网　　址：http://cbs.bsu.edu.cn
发 行 部：010-62989320
邮 购 部：北京体育大学出版社读者服务部 010-62989432
印　　刷：河北鸿运腾达印刷有限公司
开　　本：710 mm × 1000 mm　1/16
成品尺寸：170 mm × 240 mm
印　　张：10.5
字　　数：116 千字
版　　次：2024 年 2 月第 1 版
印　　次：2024 年 2 月第 1 次印刷
定　　价：85.00 元

自序

体育正在改变人们的生活方式，特别是在"全民健身"与"健康中国"国家战略的引领下，体育逐渐成为人们日常生活中不可或缺的重要内容。相对于公众在全民健身方面加快释放的需求，公共体育服务的供给却存在一定差距。

满足公众日益高涨的各类公共诉求，提供令公众满意的公共服务是政府的基本职责。在计划经济时代，政府采取包办的方式直接提供公共服务，政府通常是公共服务的提供者兼生产者。在现阶段，我国社会的主要矛盾是人民日益增长的美好生活需要和不平衡不充分的发展之间的矛盾，仅靠政府满足公众日益复杂的公共诉求将会变得越来越困难。体育是促进人的发展的重要途径，伴随着全民健身意识逐渐深入人心，公众希望可以获得更加多元、专业以及个性化的公共体育服务。在此背景下，政府必须转变公共体育服务的供给方式，积极探索与各种社会力量协同满足公众的公共体育诉求的途径。社会组织的公益属性使其成为政府合作伙伴的较佳选择。

政府选择社会组织作为合作伙伴共同提供公共体育服务，意味着社会组织必须成为独立的主体，并且具备相应的条件与能力参与供给公共体育服务。与西方发达国家拥有较为完善的社会组织网络不同，我国的社会组织无论是数量规模还是业务能力都处于起步阶段，不同经济发展水平的地区的社会组织其发展也不均衡。党的十八大之后，构建国家治理体系的步伐加快，在一系列宽松积极的政策扶持培育下，社会组织逐渐成长为政府可以合作的社会力量。国内一些经济发达省市积极探索向体育社团、体育类民办非企业单位等社会组织购买公共体育服务的方式。

政府在如何更有效、更高效地向社会组织购买公共体育服务方面仍面临诸多难题。例如，政府在购买公共体育服务过程中究竟该如何定位自己的角色？如何公平公正地进行公共体育服务项目决策？如何合理有效地配置体育资源？如何在发育不成熟的社会组织网络中选择合适的合作伙伴？如何激励和约束社会组织的行为，既保障公共利益又促进政社双方实现各自的组织目标？如何对公共体育服务项目进行绩效评估？上述问题都会给政社双方带来困扰。如果不能正确地解决这些难题，很有可能会损害公众的体育权益，引发公众对政府决策的质疑，也将会阻碍社会组织参与国家治理的步伐。

我国一些地区在政府向社会组织购买公共体育服务方面已经做出了积极探索，在创新社会组织管理体制、激励与约束社会组织行为以及绩效管理等方面取得了较好的效果，积累了一些有价值的经验。但我们也应该看到，这方面的理论研究相对来说显得滞后。因此，我们有必要对这些具体的实践操作进行理论分析与经验归纳，加强对政社合作形式的理论研究，以此促进政府与社会组织之间良性合作机制的构建。

本书写作始于2017年初，笔者对当时搜集的大量资料进行了整理，2018年底，初稿完成，经过多次修改并最终定稿。在这里，我要感谢国家体育总局群众体育司、青少年体育司和北京体育大学等相关部门和学校的帮助；感谢所有接受访谈的各地专家与领导，没有你们的支持，本书无法完成；感谢我的工作单位——首都经济贸易大学提供资助与支持；感谢我的恩师，无论是对我的论文写作还是外出调研，都给予了无私的关怀。

张小航

首都经济贸易大学

2023 年 8 月

目 录
CONTENTS

1 前言

1.1 研究背景

体育正在改变人们的生活方式,逐渐成为人们日常生活中不可或缺的重要内容。2017 年 1 月 20 日,国家统计局发布数据,2016 年全国居民人均可支配收入 23 821 元,扣除价格因素,比 2015 年实际增长 6.3%;全国居民人均消费支出 17 111 元,扣除价格因素,实际增长 6.8%,其中,与个人发展和享受相关的支出增长迅猛,体育健身活动支出更是增长 13.7%。[①] 全民健身已经深入人心,成为国家重要发展战略。但相对于公众在全民健身方面加快释放的需求,我国在人均体育场地面积、体育活动数量、群众体育组织网络等方面仍存在较大差距。公共体育服务供给不足与需求高涨之间的矛盾日渐凸显并长期存在。

当前,国内各项改革逐步深化,显著特点是改革的重心正在从注重经济建设向转变政府职能与推进社会建设转移。如果说改革开放前 30 年重在抓经济建设,那么,后 30 年将会致力于社会建设,提供令公众满意的公共服务。

政府如何提供令公众满意的公共服务?现代社会,公众的体育诉求

---

① 国家统计局. 2016 年全国居民收入稳步增长　居民消费进一步改善［EB/OL］.（2017-1-20）［2017-3-12］. http://www.stats.gov.cn/sj/sjjd/202302/t20230202_1895814.html.

呈现多元化、个性化、动态化的趋势，且体育运动的特点之一表现为重在以参与的形式体验其中的乐趣，通过长期、系统的运动促进人的发展。因此，政府需要探索新的方式来满足公众的体育诉求，而社会组织由于其公益属性，具有与政府开展合作的天然优势。

党的十八大之后，党中央提出要加快构建国家治理体系，推进国家治理能力现代化。政府作为治理的主导者，应加快培育社会组织，使其具备参与提供公共服务的能力。现阶段，政府要能够对社会组织进行"放管服"的改革，在合作中支持、合作中管理、合作中规范。国家在政策上相继释放出宽松、积极的信号，加快政社分开，简化社会组织注册登记制度，并通过购买服务的方式鼓励、扶持社会组织的发展。在此背景下，社会组织面临前所未有的发展机遇。近年来，广东、江苏、浙江、北京、上海等一些经济发达省市的体育社团、体育类民办非企业单位的数量明显增加，规模明显扩大，逐步社会化、实体化，它们已经成为政府在开展全民健身活动过程中的重要合作力量。这些社会组织也通过承接政府公共体育服务项目获取一定资源，可以更好地独立开展社会服务。相对于公私合作，政府向社会组织购买公共体育服务是一种多赢的模式，更有利于服务型政府的建设、社会组织的发展以及公众体育权益的实现。

政府向社会组织购买服务是西方国家在公共行政实践中不断总结出的成功模式。但是，我国的基本国情与西方国家差异较大，有些困难也是西方国家不曾遇到的。具体到政府向社会组织购买公共体育服务这一活动中，无论在理论上还是在实践中都面临很多亟待解决的问题。例如，政府在购买公共体育服务过程中究竟该如何定位自己的角

色？如何公平公正地进行公共体育服务项目决策？如何合理有效地配
置体育资源？如何在发育不成熟的社会组织网络中选择合适的合作伙
伴？如何激励和约束社会组织的行为，既保障公共利益又促进政社双
方实现各自的组织目标？如何对公共体育服务项目进行绩效评估？上
述问题都会给政社双方带来困扰。更何况在政府职能转变并不充分的
前提下，如果不能正确地解决这些难题，很有可能损害公众的体育权
益，引发公众对政府决策的质疑，也将会阻碍社会组织参与国家治理的
步伐。

2016 年 12 月，财政部、民政部印发了《关于通过政府购买服务支
持社会组织培育发展的指导意见》，提出了切实改善准入环境、加强
分类指导和重点支持、完善采购环节管理、加强绩效管理、推进社会
组织能力建设以及加强社会组织承接政府购买服务信用信息记录、使
用和管理等六项主要政策，首次较系统地提出如何通过购买服务支持
社会组织发展。我国一些地区在政府向社会组织购买公共体育服务方
面先行先试，积极探索，已经积累了一些有价值的经验。但我们也应
该看到，这方面的理论研究相对来说显得滞后。公共体育服务购买中
的政社合作涉及多方利益，供给与需求之间的矛盾、政社关系的重构、
购买公共服务的推广等现实情况迫切要求我们必须加强对这种合作形
式的理论研究，促进政府与社会组织之间良性合作机制的构建。

1.2　研究目的与意义

从 20 世纪 70 年代开始，世界上掀起了公共行政改革的热潮。公
共行政改革旨在使政府在公共事务管理中表现得更有效率、更加民主、

更为公平。经过不断演进发展，政府借助私营部门和社会组织的力量协同管理社会事务的模式逐步形成。因为政府与社会组织具有"公益性"的共同属性，所以在满足文化、教育、体育等"软服务"类公共需求时，政府更倾向于与社会组织开展合作，构建合作伙伴关系。

面对14亿人口日益复杂的健身需求，单靠"政府包办"的模式已经难以有效满足，必须依靠社会组织的力量。目前，国家的顶层设计渐趋明朗，要加快政府职能转变，推动各级体育社团与政府"脱钩"，加快促进社会组织实体化、社会化、法人化，重点推行政府购买服务，给予资源配置倾斜，扶持社会组织的发展壮大。政府在实践中自始至终需要明确的关键点是：现阶段对于政府来说，购买服务的逻辑起点是扶持并激活社会组织，使它们能够尽早地独立于市场与社会中，与政府共同承担起实现公共体育利益的使命。

本书的研究目的有以下几项。

（1）深入探讨现阶段我国政府向社会组织购买公共体育服务的基础环境，包括政府行政体制改革、政府职能转变、政社关系重构、社会组织管理体制、公众体育需求等影响因素。借助公共行政学、社会学等理论成果，尝试从学理层面剖析政府与社会组织的合作行为，帮助政社双方在理论上对政府购买服务制度形成更深刻的认识。

（2）厘清政府与社会组织构建良好合作关系的机制内容，分析政社合作技术系统需要的相关制度与策略。结合我国基本国情与理论研究成果，尝试将有关元素归纳总结，构建政府购买公共体育服务中的政社合作机制的理论框架。

（3）国内一些地区积极探索、大胆创新，在创新社会组织管理体制、激励与约束社会组织行为以及实施绩效管理等方面取得较好效果。我们有必要对这些具体的实践操作进行分析与总结，为其他地区开展合作提供参考。

本书的研究意义有以下几项。

（1）协助政社双方正确看待我国当前的复杂形势和未来趋势，使政社双方对于应当扮演的角色有更清晰的认识，明确各自的职能和权责。

（2）在经验归纳与理论构建的基础上，分析我国政府向社会组织购买公共体育服务的有关制度，为各级政府职能部门制定社会组织扶持管理办法、购买公共体育服务的管理办法以及公共体育服务评估的管理办法等规范性文件提供依据。

1.3　研究思路

本书的研究思路包括三个阶段。

（1）准备阶段：查阅梳理国家以及各地关于政府职能转变、社会组织管理体制、政府购买公共体育服务等方面的法规、政策、意见等制度性文件，了解政府与社会组织合作的基本环境。研读相关学科的学术著作以及论文，掌握构建合作机制的理论基础。咨询相关领域的专家，进一步明确研究设计及具体研究方法。

（2）研究阶段：首先，进行更有针对性的理论分析和经验归纳。主要包括国内外公共行政学和社会学相关理论、国内外政社关系演进历程以及国内外政府购买公共服务中政府和社会组织合作关系的构建实例。其次，构建合作机制框架。在理论分析和经验归纳的基础上，厘定影响合作的体制、制度、策略等要素，初步构建合作机制框架。最后，开展实地调研，观察相关地区政社合作的实际情况，就合作机制走访相关体育行政部门与社会组织负责人，对合作案例进行理论分析，进一步反馈完善合作机制框架。

（3）结题阶段：整理有关资料，撰写论文，发布有关研究成果。

1.4　研究对象

"合作"在汉语中意指互相配合做某事或共同完成某项任务；"机制"在自然科学中通常指机器的构造和工作原理，也就是机器有哪些组成部分，组成的原理是什么，以及各部分之间如何工作。在社会科学中，机制可以理解为组成系统的各组织存在的前提缘由、各组织间的关系及通过哪些制度和策略来运行。因此，本书中的"合作机制"可以界定为：政府与社会组织在公共体育服务供给中存在的意义，各参与主体间是何种关系，以及通过何种制度与策略来实现共同目标。

本书以政府向社会组织购买公共体育服务中所采用的协议购买、委托、资助、以奖代补等多种购买形式为载体，以参与购买服务的政府行政部门、具有行政职能的事业单位、社会组织（主要指经注册的体育社会团体、体育类民办非企业单位）以及政社双方的合作机制为研究对象，分析探讨如何形成有效的合作。

1.5　研究方法

1.5.1　文献资料法

文献资料法是通过对有关文献资料进行查阅、整理、分析，获取评价信息的一种手段。笔者以中国知网（CNKI）、EBSCO、Springer、

Gale、The Oxford Journals Collection 等数据库以及首都经济贸易大学图书馆、北京体育大学图书馆为文献来源，查阅了关于政社关系、非营利组织、公共行政、公共治理、公共体育服务、政府购买公共服务等研究领域的大量中英文文献和资料；通过对相关文献和资料的对比分析，梳理构建政社合作机制的理论要素；对国内外公共行政、政社关系领域的经典著作进行深入研读，掌握相关学科的理论演进与前沿成果；通过浏览各级政府以及财政、民政、体育等部门的官方网站，整理了大量的政府购买公共服务的制度性文件，以及有关购买服务和服务递送等方面的原始资料。

1.5.2 个案分析法

个案分析法指对一个或几个具有代表性的案例进行材料收集与分析的方法。受政府职能转变、社会组织发育程度等因素的影响，国内在政社合作方面未能形成统一的模式，所以，本书采用多案例分析的方法。从 2016 年 4 月开始，笔者先后参加了国家体育总局群众体育司、青少年体育司组织的 4 次相关培训与研讨，通过与来自全国各地的群众体育职能部门负责人进行面谈，了解各地政府与社会组织合作的基本情况。在此基础上，笔者选取广东省惠州市、广东省深圳市和上海市作为主要案例来源。2016 年 6 月至 9 月，笔者先后多次前往上述地区调研，重点搜集几个地区开展政府向社会组织购买公共体育服务的有关制度、合作策略及存在的问题，为构建合作机制提供实证分析资料。

1.5.3 观察法

观察法指根据一定的研究目的，用自己的感官和辅助工具去直接观察被研究对象，从而获得资料的一种方法。笔者在多次参加全国性业务培训会期间，以实际参与分组讨论的形式，观察记录政府行政人员及体育社会组织负责人对政社关系演进的态度，归纳政府购买公共服务存在的问题。在笔者前往广东、上海等地的实地调研中，重点观察了当地政府对体育社会组织的扶持、体育社会组织开展群体活动等方面的实际情况。例如，2016 年 7 月在广东省惠州市体育社会组织集中孵化区实地考察当地体育社团的办公条件；2016 年 10 月参与上海市第三期国家级青少年体育俱乐部管理人员培训班，观察培训主体的课程安排、培训对象的积极性以及整体效果等。

1.5.4　深度访谈法

深度访谈法是定性调查的重要方法，是一种无结构的、直接的、个人的访问形式。政府向社会组织购买公共体育服务是一个复杂的过程，不同地区的实践经验各有差异，需要多个组织的协调配合并且涉及多方利益。因此，为了深入了解当前政社合作的现状，笔者主要选取体育职能部门、体育社会组织负责人为访谈对象。访谈主要以开放式提问的方式进行，时间控制在 2 小时以内，围绕政社关系、购买制度、资源扶持、绩效评估等有关议题进行深度交流。笔者通过录音、笔记等形式收集访谈信息，整理转录原始访谈记录 7 万余字，以"扶持""合作""激励""政策"等关键词对访谈记录进行了文本编码处理，为构建政社合作机制的理论框架提供了丰富的资料。

1.6　研究创新与不足

1.6.1　研究创新

本书的创新之处在于研究的视角，基于合作视角的研究具有一定的前瞻性。在确定研究选题以及进行研究的过程中，笔者并未将思路局限于购买公共体育服务本身，而是运用大量公共行政学、社会学等相关学科理论成果，结合我国试点地区的实践经验，探讨如何构建政社双方良性的合作机制。从调研情况来看，政府与社会组织都亟待建立有效合作的途径。

1.6.2 研究不足

（1）虽然国家在积极释放政策宽松的信号，扶持社会组织发展，政社合作也是未来的趋势，但目前总体来说，政府对社会组织的管制思维仍然存在，大量的体育社会团体尚不完全具备独立的法人性质，甚至还未实现与政府脱钩。体育类民办非企业单位总体规模不大，以依托学校的体制内青少年体育俱乐部为主要组成部分。所以，研究过程受到研究对象的特殊性的影响，只能选取政社合作开展相对较好的地区开展调研，研究对象的多样性不够。

（2）政社合作在我国仍属于起步阶段，既需要借鉴国外的成熟经验，又要符合我国的基本国情。而且我国不同地区之间差异较大，政社合作并没有统一的模式。本书也只是在综合理论分析与个别地区实践经验的基础上，尝试构建政社合作机制的理论框架，还有待进一步检验。在后继的研究中，笔者将会致力于就某一特定地区或者合作中的细节进行深入探索。

2 政社合作的价值基础：效率与民主平衡下的公共行政范式演进

　　政府作为国家意志的执行者，提供公共产品与服务是其义不容辞的责任。政府不仅要满足公共诉求，更要创造公正、自由的社会环境，保障每一个公民享有发展的权益。但是，日益复杂的现代社会常常使政府在公共行政中不能清晰地明确自身的角色。所谓公共行政，是指政府处理公共事务、提供公共服务的管理活动，是以国家行政机关为主的公共管理组织的管理活动。这一概念中的"政府"和"管理"分别指向公共行政学中政治和行政这两个理论要素。政治和行政的关系一直是公共行政研究者和实践者主要争论的内容，也正是由于争论的存在，才不断推动公共行政向更加多元的价值方向发展。

2.1 传统公共行政学说的理论基础与批判

　　西方国家的传统公共行政学说始于 19 世纪中后期的政府改革运动。1854 年，英国的《诺斯科特——特里维廉报告》建议取消恩赐制，通过公开竞争的方式招募公共行政人员，对公共行政人员重组，区分为从事脑力工作人员与机械工作人员，通过以功绩制为基础的内部晋升方法来填补较高层次的职位。[①] 1883 年，美国国会通过《彭德尔顿法》，

---

① 休斯. 公共管理导论：第三版 [M].张成福，等译. 北京：中国人民大学出版社，2007：21.

成立了一个由两党成员组成的文官事务委员会，遵循中立准则通过竞争性考试选拔公共行政人员。这一法案标志着以功绩制为基础的现代文官制度的建立。

真正对传统公共行政实践带来重大影响的是 19 世纪末的两位学者，美国的托马斯·伍德罗·威尔逊（Thomas Woodrow Wilson）（以下简称威尔逊）和德国的马克斯·韦伯（Max Weber）（以下简称韦伯），因此，传统公共行政范式也被称为威尔逊 – 韦伯范式。威尔逊的贡献在于提出了"政治 – 行政二分"的理论基础。随后，德国政治学家古德诺（F. J. Goodnow）对"政治 – 行政二分"思想进一步拓展，他认为，政治是国家意志和公众利益的集中表达，表现为立法过程及政策的制定；而行政是国家意志的执行和政策的实施过程。他的解释更有利于理解政治和行政的区别和关系。作为公共行政学的创始人之一，韦伯提出了意义重大的官僚科层制理论。他确定了现代官僚科层制运行的六项原则：通过各种法律和行政规章来规定政府的管辖范围；稳定而有序的公职等级制和权力等级化；公职要与私人生活区分，公职管理建立在保留书面文件（档案）的基础之上；公职管理要以全面而熟练的训练为先决条件；公职是一种全职工作，要求官员完全发挥其工作能力；公职管理应遵循一般性规定，这些规定是稳定且全面的，包括法学、行政管理、企业管理等知识。传统公共行政学说以"效率"为基本价值诉求，建立在官僚科层制和"政治 – 行政二分"的基础之上，把行政部门置于政治领导的正式控制之下，以严格的官僚科层制为基础，由常任的、中立的官员任职，他们只受到公共利益的激励，不偏不倚地为任何执政党服务，不修饰政策，而仅仅是执行政策。

随着西方国家经济社会环境的变迁，传统公共行政范式的缺陷也不断暴露出来，学者和公共行政实践家针对"政治－行政二分"思想和官僚科层制提出质疑：一方面，公共行政人员有可能直接或间接地参与决策，即政治活动，公共行政人员也可以利用职务之便，脱离政治的控制；另一方面，由于官僚科层制过于关注行政效率，强调工具理性和严格的等级制，忽视了公共行政过程的复杂性和公众参与的重要性，抑制了公共行政人员的热情和创新，反而会导致公共服务的"低效"。

尽管受到批判，但不可否认传统公共行政学说奠定了公共行政理论的基础，即使是在现代公共行政实践中也仍然可以找到传统公共行政学说的影子。我们尝试把传统公共行政学说的有关思维和批判带入我国公共体育服务领域进行分析。首先，关于"政治－行政二分"。在政治上，公共体育服务旨在实现人民的利益，也就是公众对于体育的多样化需求。公共体育服务在政治层面表现为立法过程和政策的制定，例如《中华人民共和国体育法》《全民健身条例》《彩票管理条例》《公共文化体育设施条例》以及"全民健身计划"等法律法规和政策的制定。在行政上，公共体育服务则应该是由政府的行政人员执行相关法律法规，并落实政策实施。其次，关于官僚科层制。对照韦伯提出的六项原则我们不难发现，我国的公共行政体系与其有诸多相似之处。例如，体育局系统有相应的行政规章，各级体育局之间存在较为明显的等级制和权力等级化，上一级政府行政人员在实际工作中的权威性明显高于下一级政府行政人员等。最后，对传统公共行政学说的批判也可以在我国公共体育服务的实践中得到验证。第一，长期以来，各级政府及体育行政部门的任务就是严格执行国家的法律法规和政策，比如，地方体育局响应国家"奥运争光"计划，大力发展竞技体育，在财政、人力等资源上都予以支持和倾斜，而在群众体育事业上投入相对较少。第二，政府行政人员干预政治过程，甚至是行政等同于政治决策。在计划经济时期，行政力量强势介入体育事业。20 世纪 80 年代之前，由于我国被排除在国际体育大家庭之外，很多项目无法参加国际大赛，只能在国内打比赛。于是就形成了一个以全运会为核心的依附于行政系统的层层衔接的训练与竞赛体制。目前，唯"金牌论"的政绩观已经在一定程度上得到了遏制，例如，根据有关要求，从 2015 年 1 月起，对全运会等全国综合性运动会只公布比赛成绩榜，不再分别公布各省、自治区、直辖市的奖牌和总分排名。第三，由于传统官僚科层制具有严格的等级制度和工具理性，它并不致力于提供积极性激励以提高效率，而致力于避免一些错误，这抑制了政府行政人员的创新性。例如，随着《全民健身计划（2016—2020 年）》的出台，国家体育总局要求于 2016 年年底前各省、市、县三级实施计划要全部研制完成并印发公布。实际情况是，有些市、县的实施计划并没有充分考虑当地的特色和情况，只是在上级实施计划的基础上进行简单修改。笔者在调研过程中还发现，一些地方体育行政部门的人员由于官僚科层制的惯性思维，总是在等国家政策的出台，在实际工作中缺乏创新性。

2.2 新公共管理理论的理论基础与反思

自 20 世纪 70 年代末以来，西方国家普遍出现经济衰退，财政收入亦减少，有批评者认为，庞大的政府机构消耗掉过多的资源。公共事务实践中传统公共行政的不足日益明显，投入与产出不成比例，政府行动迟缓，没有创新，墨守成规成为政府行动的目标。在财政危机、效率危机和信任危机的形势下，传统公共行政已经无法适应新的挑战，迫切需要进行改革。1980 年，英国政府率先引领"重塑政府"运动，随后，新西兰、加拿大和美国也相继开始实施各自的改革方案。改革几乎是世界性的，它的重要特征是发挥市场机制在公共服务领域中的作用，通过借鉴私营部门的管理方法来提升政府的管理水平和公共服务能力。换句话说，相比于传统公共行政，改革的重点是让政府成为有为的管理者而不是机械的行政者。

新公共管理理论以经济学理论和私营部门管理理论为两大理论基础。其经济学理论基础体现在：首先，新公共管理理论以"理性经济人"的假设为逻辑起点，认为个人总是希望以最小的成本获取最大的利益，因此，主张从个人利益的角度来考虑公共管理问题，将市场机制引入公共服务，通过民营化、服务外包等形式，建立"顾客导向"的供给机制，驱使公共行政人员尽力满足"顾客"利益的多样化需求；其次，以詹姆斯·布坎南（James Buchanan）为代表的公共选择理论认为，政府中的公共行政人员同样是"理性经济人"，他们同样会在公共管理活动中追求自身利益的最大化，因此，公共选择理论主张通过绩效工资、放松规制等形式在政府内部引入竞争激励机制，最大限度地调动公共行政人员的积极性，在实现其利益的同时提高政府效率；最后，为了进一步减少财政支出，节约资源，重视交易中的成本－收益分析，主张对公共服务项目进行绩效目标、成本核算、绩效标准、绩效评估等具体量化的管理，以达到绩效最优的目标。新公共管理理论的第二个理论基础来自私营部门。新公共管理理论提倡者认为，在管理方法和产出结果上，私营部门要比政府部门更胜一筹。因此，私营部门中卓有成效的管理方法，如目标管理、绩效管理、战略管理、灵活而有弹性的组织体系、结果控制等都可以应用于政府部门。

英国著名公共管理学者克里斯托弗·胡德（Christopher Hood）提出新公共管理方案由 7 个要点构成：① 公共政策领域中的专业化管理。这意味着对政府公共行政人员的行为责任予以明确，并赋予其一定的自由裁量权。② 明确的绩效目标和评估标准。③ 重视产出控制。根据绩效要求分配资源，重视结果而非过程。④ 政府内部单位趋向分散化。这意味着将原来庞大集中的政府单位分解为围绕公共产品和服务组成的法人单位，以分权化的形式进行资源分配，在专业基础上处理公共事务，提高公共服务效率。⑤ 在政府部门引入竞争。通过合同和公开招标等程序引入竞争，降低成本，提高服务质量。⑥ 重视运用私营部门的管理方式。放弃军事化的层级管理，采取更有弹性的人事制度和薪酬制度，把私营部门管理中行之有效的工具应用到政府部门。⑦ 强调资源利用的纪律性和节约性。在公共资源使用中，严格纪律要求，减少直接成本，提高资源使用效率。

综合新公共管理理论的理论基础，其思路可以归结为：在公共服务供给中，以"顾客"为导向，强调公共服务的结果，借鉴私营部门模式，把市场竞争机制引入公共服务供给和政府内部，通过民营化和合同制方式，提高公共服务、政府行政人员和资源使用的效率。

自 20 世纪 80 年代以来，全球化的公共管理改革一直如火如荼地进行着。新公共管理理论中的一系列思想和具体操作方法被广泛运用，这几乎是一个世界性的变革。然而，进入 21 世纪之后，尤其是美国"9·11"

恐怖袭击事件引发了人们对于公共安全和政府责任的关注，这使得人们开始批判政府在公共服务中对市场化机制的过度依赖。批评和质疑主要集中在两个方面。

一方面，出现了对新公共管理理论基础的批判。批判者认为，政府部门和私营部门存在很大的区别，不能完全照搬市场化模式而采用私营部门的管理方式。政府部门和私营部门的价值取向在本质上是不一样的，公共服务的复杂性远高于普通市场中的消费者交易模式的复杂性，公众也不仅仅是服务的"顾客"，更是具有政治权利的公民。例如，在合同外包中，如果按照经济领域中有效合同的条件，必须达到以下两点：一是交易费用不能太高；二是服务或产品所有权明确。很显然，政府部门在更多情况下只是采购合同的甲方，并不完全是服务或产品的拥有者，也很难从合同中获取直接的利益。

另一方面，出现了更多的关于新公共管理改革有效性的批判。① 效率并未显著提升。虽然新公共管理理论提倡"效率优先"，但经过 20 多年的实践，很多学者指出，新公共管理理论并未带来显著的效率提升。2016 年 2 月，克里斯托弗·胡德在清华大学公共管理学院参加学术会议时指出，评估英国中央政府 30 年的重组与改革历程，通过大量数据分析与文献研究发现，英国 30 年间政府行政人员的大幅减少并没有带来管理成本的下降，政府部门的改革创新依旧任重而道远。② 公共责任的缺失。由于新公共管理理论提倡改变低效的传统官僚科层制，把庞大而集中的政府单位进行分散。分权化的政府单位虽然可以专注于特定的服务或产品，但当其面临更加复杂的公共事务时，责任就会弱化。此外，由于过多地采用外包形式，人们会指责政府在逃避责任。③ 确定目标的困难。公共服务不同于普通的商品，对于政府而言，确定公共服务的目标是非常复杂和困难的。而且，由于公共服务的复杂性，即使目标得以确定，也会经常发生变化。④ 过于量化的绩效评估。针对新公共管理理论通过具体的量化指标来评估绩效，批判者提出疑问：这些量化指标究竟能在多大程度上反映公共利益的实现程度？既然公共服务的目标很难确定，那么，有什么依据来采用这些量化指标呢？政府究竟是对这些量化指标负责，还是对公众负责？这些问题确实在实践中困扰着政府行政人员。

2.3　基于公民权和公共利益的新公共服务理论

新公共管理理论强调政府在公共服务提供中的"掌舵"角色，管理手段更多地倾向于工具理性维度。而随着时代的进步，公民的意识不断提高，公众的需求日趋多元化，公共行政的内涵变得越来越复杂。21 世纪初，美国著名公共管理学者登哈特夫妇（Robert B. Denhardt 和 Janet V. Denhardt）针对新公共管理理论倡导的"顾客导向"和政府"掌舵"角色提出批判，指出政府面对的是"公民而非顾客"，政府的角色是"服务而非掌舵"。登哈特夫妇的《新公共服务——服务，而不是掌舵》作为一部具有里程碑意义的著作，标志着新公共服务理论的兴起，并对西方国家公共行政改革中的价值转向产生了重要的影响。

新公共服务理论的主要理论基础包括以下内容。① 民主公民权理论。公民权除了法律明确规定的权利和义务之外，还应该包括影响政治系统的能力，意味着公民对政治生活的积极参与。① 在不同的价值体

---

① 登哈特 J V，登哈特 R B. 新公共服务——服务，而不是掌舵：第三版［M］.丁煌，译. 北京：中国人民大学出版社，2016：21.

系下，人们对公民权的内容存在不同的理解。一种是建立在对个人利益的维护上，另外一种是超越自身利益去关注更大的公共利益。登哈特夫妇认为，已经有越来越多的人要求恢复一种基于公民利益而非自身利益的公民权。公民会关注广泛的公共利益，会积极地参与政治生活，并为别人而承担责任。② 社区与社会组织理论。首先，由于战争、道德丧失等现实问题，人们感到生活"失控"，需要"人性化"的回归。其次，社区涵盖不同层次的人群，成为个人与社会之间良好的中介。社团、街区群体、志愿组织、俱乐部等这些社区小团体构成了人们需要相互关怀的用以实现个人利益的社会组织。最后，美国公民明显越来越少地参与政府活动，对政府的信任度下降。但登哈特夫妇认为，尽管政府系统是封闭的，公众仍然在各种社会组织中从事一些以公民为基础的"草根"活动，在政治活动中发挥作用。一些有远见的政治领袖也在促进和支持公民的社区活动。③ 组织人本主义理论和后现代公共行政。传统官僚科层制下的公共行政和新公共管理理论都以理性"经济人"为假设，认为公共行政人员会理性地、积极地完成组织任务。但是，这种理论忽视了人的情绪、社会交往、归属感等非理性因素，这些因素同样会对公共行政人员的行为造成影响。例如，在霍桑实验中，物理条件和薪酬的改善并不能影响产能，而交流和良好的人际关系却能明显提高员工的工作效率。因此，政府要更加强调公共行政人员的"社会人"属性，最大限度地促进公共行政人员之间的交流与合作，在满足其个人成长的基础上与组织目标的实现充分结合。

新公共服务理论有以下 7 个具有代表性的观点。① 服务于公民，而不是服务于顾客。公共利益建立在针对共同利益的广泛对话的基础上，而不是个人利益的简单集合。所以，公共行政人员不是以顾客需求为导向，其服务对象是具有公民权的公民，要与公民之间建立信任与合作的关系。② 追求公共利益。公共行政人员要积极致力于建立一种集体的、共同的公共利益观念，与公民一起去发现并明确表达这种公共利益。③ 重视公民权胜过重视企业家精神。④ 思考要有战略性，行动要有民主性。政府是开放并可以接近的，政府对公民的需求要有回应，政府要为公民服务并为公民权的行使创造机会。⑤ 确定责任的复杂性。公共服务中的责任非常复杂，公共行政人员不只关注市场，还应关注法令和宪法、社区价值观、政治规范、职业标准以及公民利益。⑥ 服务，而不是掌舵。现代社会正在变得越来越复杂，社会中的各种组织变得相互高度依赖，公共政策越来越难制定，需要一种新型的公共行政领导。这种领导不是试图控制或掌控社会的发展方向，而是通过给公民授权的方式来共同领导，帮助公民表达公共利益。⑦ 重视人，而不只是重视生产率。应该充分尊重参与到公共组织网络中的公共行政人员和公民，不仅关注效率，更要通过合作来帮助成员实现个人价值，培育更高层次的动机。

相对于新公共管理理论注重个人利益的实现和效率的提升，新公共服务理论强调以公民权和公共利益为核心，在政府内部尊重公共行政人员的个人价值，在政府外部提倡公众参与。新公共服务理论虽然强调民主、公平等价值，但并未抛弃"效率"，它是对新公共管理理论唯"效率优先"和过于注重工具理性的扬弃。不过，也有一些学者对新公共服务理论提出批判。他们认为，新公共服务理论缺乏有效运行的机制，不具备行动性并过于理想化。虽然新公共服务理论不像新公共管理理论那样因借鉴私营部门的管理方式而具有完备的"工具箱"，但其为公共行政在面对复杂的社会需求时提供了不同的参考理念。伴随着社会的进步和公民意识的觉醒，新公共服务理论的现实意义势必会得到更大体现。实际上，一些国家在处理公共事务时，正在从公民的角度积极地探索并采用新的方法和工具来进行公共决策。

美国加利福尼亚州的红木市的市政会试图通过利用循环水灌溉来减少水的消耗，但该计划遭到了当地民众的强烈反对，市政会很困惑，也不知道该如何解决这一问题。该市的城市经理建议成立一个由 10 名赞成者和 10 名反对者组成的工作组。如果该小组能够设计出一个将最大用水量控制在一定范围内的计划，那么该计划将会被采用。否则，市政会将推进循环水计划。最终，该工作组提出了一个更好的计划。

《中华人民共和国宪法》第一章第二十七条规定："一切国家机关和国家工作人员必须依靠人民的支持，经常保持同人民的密切联系，倾听人民的意见和建议，接受人民的监督，努力为人民服务。"《中华人民共和国宪法》中的表述与新公共服务理论的主导思想有着吻合之处。2004 年，时任国务院总理温家宝首次提出"服务型政府"的概念，公共服务成为政府的核心职能。2012 年，党的十八大报告把服务型政府的内涵进一步概括为"职能科学、结构优化、廉洁高效、人民满意"。尽管我国的基本国情与西方国家不同，但新公共服务理论的一些理念对于现阶段我国构建服务型政府的行政改革有很多启示。

此外，有一点值得特别提及。服务型政府的主要职能是公共服务，那么，依据新公共服务理论的思想，这里的公共服务不仅意味着满足公众的公共需求，还应该包括为公民行使公民权做好服务。所以，从这个角度来看，公共服务的内涵应该更丰富。例如，在公共体育服务的供给中，政府的职能不仅仅体现在组织活动、比赛、培训等方面，更要创造条件帮助公民行使表达体育健身需求的权利。

2.4 治理理论范式与我国的适用性

"治理"的概念出现于 20 世纪末期，当时的世界银行、国际货币基金组织在进行经济援助时发现一些地区存在"治理危机"。由于国家之间并不存在绝对的权威主体，所以，国际组织强调全球化的治理。例如，1995 年，联合国全球治理委员会发布了一篇报告——《天涯若比邻》[①]，该报告将"治理"定义为：各种公共机构和私人机构以及公民个人管理其共同事务的各种方法的综合。治理是一个持续的过程，各种利益主体为了避免冲突而能够互相调适并且采取合作行动。作为治理理论的主要创始人之一，詹姆斯·N.罗西瑙（James N. Rosenau）指出，治理不同于政府的统治，虽未得到授权，但是它可以在各个活动领域内有效发挥作用。区别于统治，治理指的是一种由共同的目标支持的活动，这些活动的主体未必是政府，也无须依靠国家的强制力量来实现。换句话说，与政府统治相比，治理的内涵更加丰富。它既包括政府机制，同时也包括非正式的、非政府的机制。[②]

进入 21 世纪之后，政府面对的公共事务日趋复杂，政府公共行政愈发受到挑战。英国政治学家和公共行政学家罗兹（R.A.W.Rhodes）

---

① The UN Commission on Global Governance. Our global neighborhood［R］. London：Oxford University Press，1995：2.

② 罗西瑙. 没有政府的治理［M］.张胜军，刘小林，等译. 南昌：江西人民出版社，2001：10.

教授认为，传统的自上而下式层级制公共行政体制已经过时，现实中采用网络化治理的方式将会越来越多。治理理论主要涉及以下几个基本命题。① 治理主体多元化。治理的主体不局限于政府，而是由政府、社会组织、私营组织以及公民志愿组织共同组成治理的联合体，它们在最大程度上共同参与公共服务的提供。治理主体实现从单一主体向多元主体的转变。② 治理主体边界和责任模糊。治理理论强调在处理社会问题时的权力共享和责任共担，政府与社会组织、私营组织处于水平网络中，治理主体的边界和责任变得模糊。③ 主体间的伙伴关系。治理理论强调各主体之间相互依赖与合作的伙伴关系，这种伙伴关系有利于发挥各自的资源优势解决复杂的社会问题。即使各主体之间存在相应的利益冲突，也可以通过良性的互动进行化解。④ 网络化运行机制。治理依靠的是自主自治的网络体系，这一网络体系与传统单一层级制的协调方式有本质的区别，也与依靠"看不见的手"的市场机制不同，它是由参与公共行政过程的各个主体组成。⑤ 建立在信任基础上的主体行为。治理理论强调合作中信任的重要性。传统公共行政学说强调政府权威式的控制和命令，而治理理论则强调各主体在相互信任的基础上相互协商，实现共同的目标。

目前，治理理论的研究可以分为国家主导论与社会主导论两种不同的路径。国家主导论认为，政府将公共机构和私人机构吸纳到公共事务的管理中来，并建立良好的合作关系。但是，这种路径仍然强调政府对于构建合作关系的引导和规范作用，因为政府是公共利益的最佳代表。而社会主导论则认为政府与其他治理主体在网络中处于完全平等的地位，各主体之间的合作来自平等的自主协商，而不是来自政府的权力控制。两种路径其实有不同的适用范围。社会主导论更适合国家之间、地区之间的利益协调与合作，因为国家之间和地区之间没有可以支配的权力机构。

瑞典学者埃里克·希森（Erik Hysing）认为，从政府统治到合作治理是一个逐步发展完善的连续的过程，这个过程的一端是强大政府的统治，另一端则是成熟后的社会自主治理。在这个连续的过程中，国家控制的程度逐步减弱，社会组织的地位逐渐提升，政府的治理工具从命令发展到协商，政府与私人机构之间的关系也从层级关系演变为相互依赖。①这个连续过程的提出虽然在一定程度上有些理想化，但有利于我们理解治理的发展过程和未来方向。政府在这个过程中要不断反思自身定位和职能，适应治理的需求与必然趋势。

从本质上说，治理理论是一种方法论，可以应用到各个实践领域。当采用治理的方式处理公共事务时，即公共治理。治理理论提出之后，也有一些学者对其表示质疑，认为治理理论过于理想化和不具操作性。质疑者认为治理理论的提出是为了应对政府失灵与市场失灵，但网络化治理、多中心治理也存在失灵的可能性。首先，有学者认为水平化的治理网络很难存在。如果认为政府同其他参与主体地位相同，并不存在绝对的权威主体，治理网络只是依赖信任与协商，没有整合机制，那么在治理过程中一旦出现利益冲突，则很有可能导致合作伙伴关系的破裂。其次，治理网络存在责任模糊问题。传统的国家控制型管理

---

① HYSING E. From government to governance? a comparison of environmental governing in Swedish forestry and transport [J]. Governance, 2009, 22（4）: 647–672.

模式虽然效率较低，但责任明确。而治理网络中的政府权力被削弱，社会组织被赋予更多的权力和资源，这就极有可能出现政府被其他行动主体"绑架"的困境，进而损害公共利益。最后，不同于新公共管理理论中采取授权委托的形式，治理网络中无法分清委托方和代理方，责任的模糊可能会导致政府推卸维护公共利益的固有职责。可见，治理理论的"美好图景"的实现还面临很多挑战。

我国的基础条件与西方国家有很大差别，例如，政府长期形成的管制理念还存在，社会组织处于兴起的发育阶段等。从治理的实现途径来看，我国由国家推动治理的实现。党的十八大之后，"创新社会治理体制"逐步替代"创新社会管理体制"，并出现在党和国家的重要文件中。2013年，党的十八届三中全会通过的《中共中央关于全面深化改革若干重大问题的决定》明确指出：全面深化改革的总目标是完善和发展中国特色社会主义制度，推进国家治理体系和治理能力现代化。治理体系的科学构建以及治理能力提升的最直接表现就是实现公共利益，改善民生，提供令公众满意的公共服务。

在治理理论兴起和国家治理体系构建的大背景下，我国在公共体育服务领域同样需要更新理念，实现由过去政府单向管理模式向政府与社会多元主体共同治理模式的转变。各级体育行政部门的职能从直接提供服务，转向为加强制度建设，培育扶持体育社会组织，赋予体育社会组织权力与资源，使更多有能力的主体有机会参与到公共体育服务供给中，与政府共同承担起满足公众体育需求的责任。通过对比三个时期"全民健身计划"部分内容，我们可以发现，公共体育服务领域已经蕴含治理的元素（表2-1）。

表 2-1 三个时期"全民健身计划"部分内容对比

对比项	《全民健身计划纲要》	《全民健身计划（2011—2015 年）》	《全民健身计划（2016—2020 年）》
总体目标	基本建成具有中国特色的全民健身体系	比较健全的全民健身公共服务体系	全民健身公共服务体系日趋完善，政府主导、部门协同、全社会共同参与的全民健身事业发展格局更加明晰
健身意识	形成全民健身舆论导向	进一步增强	普遍增强
参加体育锻炼人口	无明确指标	每周参加体育锻炼活动不少于 3 次、每次不少于 30 分钟、锻炼强度中等以上的人数比例达 32% 以上	每周参加 1 次及以上体育锻炼的人数达到 7 亿，经常参加体育锻炼的人数达到 4.35 亿
场地设施	无明确指标	人均体育场地面积达到 1.5 平方米以上	三级群众身边的全民健身设施网络和城市社区 15 分钟健身圈，人均体育场地面积达到 1.8 平方米
组织网络	逐步形成社会化的全民健身组织网络	形成遍布城乡、规范有序、富有活力的社会化全民健身组织网络	引导体育社会组织向独立法人组织转变，提高体育社会组织承接全民健身服务的能力和质量
体育消费	体育消费额逐步加大	体育健身消费意愿明显增强	1.5 万亿元

2.5 小结

公共行政实践在理论的指引下不断改进和完善，不同的公共行政理论范式有着不同的价值取向，公共行政改革的目的是追求效率与民主的天平不断趋于平衡。

　　理论界对于不同的公共行政理论范式还存在很多争议，即使是综合了各种公共行政元素的治理理论也不是放之四海而皆准的理论范式。四种理论范式之间并不是取舍与代替的关系，在不同的政治制度和社会背景下每种理论范式都有其存在的意义，也能够在公共行政实践中得到应用。英国著名公共管理学者克里斯托弗·胡德认为，从不同的研究方法和理论立场出发，会有完全不同的公共管理理论。不同文化背景下的公共管理实践，也可能会对应截然不同的公共管理理论；所以，不存在从传统模式向现代模式发展的单一线性的公共管理理论发展，当今世界也不会出现全球趋同的公共管理改革潮流。因此，在我国的公共行政改革中，人们应该以辩证的态度对待公共行政改革，搁置理论上的争议，从实用的角度出发，通过实践来检验理论，并进一步改进理论。

3　政社合作的组织系统基础：公共行政改革推动政社关系重构

政社之间独立、平等的关系是实现合作的先决条件。西方发达国家具有成熟的社会组织，相比之下，我国的社会组织发育还不成熟。党和国家充分认识到重构政府与社会组织之间关系的重要性，致力于克服强政府、弱社会两方面的问题。因此，党的十八大之后，国家开始不断推动政府职能转变，把适宜的社会性事务交给社会组织承担，并积极扶持社会组织的发展。体育行政部门与体育社会组织之间的关系同样在改革过程中不断改善。

3.1　政府行政体制改革

中国的历史背景不同于西方国家，注定政府行政体制改革的路径也会有所区别。治理理论的兴起是为了应对公共事务管理中出现的政府失灵与市场失灵，通过引入社会组织这一主体，形成政府、企业、社会组织三元共治的模式。但西方国家政府行政体制改革的前提是已经具备相对成熟的市场体制和社会组织，以及相对完备的制度建设，只是对某些情况下出现的资源配置低效来进行补充。而中国从推翻几千年的封建社会、战胜帝国主义侵略者，一直到中华人民共和国的成立，经历了太多的劫难。中华人民共和国成立以后，短短几十年时间，经济和社会生活中的各项事业都在强大的"全能型政府"统领下实现了跨越式的发展。尤其是改革开放以来，为了更好地适应社会主义市场经济体制的需求，中国多次进行政府行政体制改革，经济建设取得了举世瞩目的成绩。但是，进入 21 世纪之后，社会成员的公民意识日益提高，社会事务变得越来越复杂，政府的"权威式、全能式"行政方式已经不能适应现实的需要，亟待深化政府行政体制改革。因此，一方面，无论是市场经济体制的完善还是社会组织的培育都需要过程，政府行政体制改革不可能一蹴而就。另一方面，全球化背景又使我们不可能像西方国家那样按部就班，只能走出自己的跨越式发展道路。

我国政府在治理中居于"元治理"的位置，既要参与治理，又要确立行为准则，承担治理机制的开启和调整。必须明确的是，政府虽然在治理体系中发挥主导作用，却并非控制一切的权威角色，政府只是在市场和社会出现冲突时起到协调和维持公道的作用。党和国家正是认识到政府的特殊性，才在近些年的政府行政体制改革中，下定决心对政府机构和职能进行大刀阔斧的调整，通过制度来规范政府的行为，以政府行政体制改革为核心驱动力，促进市场和社会的快速发展。

综合来看，中国的政府行政体制改革途径强调自上而下的创新驱动，具有较明显的政治推动色彩。30 余年的政府行政体制改革是一个渐进的过程，经历了从精简人员到适应市场经济体制再到关注民生的服务型政府的改革之路，政府行政理念持续更新。

在国务院机构改革的大环境下，体育行政部门也进行了较大规模的机构调整。以国家体育总局为例，1949 年中华人民共和国成立后不久，政府就召开了中华全国体育总会成立筹备会议。1952 年 6 月，中

华全国体育总会正式成立。1952 年 11 月，为了更好地进行体育精英的
选拔和训练，中央人民政府体育运动委员会成立。1954 年，中央人民
政府体育运动委员会改为中华人民共和国体育运动委员会（以下简称
国家体委）。1955 年，国家体委设立办公厅、群众体育司、运动竞赛
司、国际联络司、教育司、宣传司、人事处（后改人事司）和计划财
务处（后改计划财务司）等机构。随后，各级地方政府也相继建立了
相应的体委机构，管理体育发展事业，尤其是竞技体育发展。① 改革开
放之后，为了尽快适应计划经济向社会主义市场经济的转轨，体育管
理体制也开始进行改革，国家体委分别于 1986 年和 1993 年出台了《关
于体育体制改革的决定（草案）》和《国家体委关于深化体育改革的
意见》两个重要文件，前者强调体育社会化，后者强调体育市场化。
在这一阶段中，国家体委为了尽快落实国务院审定的"三定方案"（定
机构、定编制、定职能），对内部机构进行了很大的调整。1994 年，
国家体委机关由原来的 15 个厅、司、局缩减为 13 个，人员编制大幅
缩减。在 1998 年国务院机构改革中，国务院对国家体委进行了重大调整，
国家体委改为国家体育总局，由国务院组成部门变为国务院直属机构，
内设机构缩小到 9 个，人员编制减至 180 人。2010 年，经国务院批准，
青少年体育司成立。

从总体上讲，改革开放以来，从国家体育总局到各级地方体育行政
部门都进行了较大规模的政府行政体制改革，政府行政体制改革的目
的是适应社会主义市场经济体制，政事分开，管办分开。政府行政体

---

① 戴敬东. 中国体育体制研究［J］. 北京体育大学学报，2010，33（1）：10–14.

制改革的目标是精简人员，明确职责。

3.2 政府职能重心向公共服务转移

长期以来，我国政府属于权威型、全能型政府，政府的权力边界不清晰，限制了市场与社会的活力。党的十八大之后，政府加快了转变职能的步伐，简政放权，将政府职能转移到公共服务的方向上来。

3.2.1 简政放权：缩减行政审批

权威型政府意味着政府手中的权力控制着市场与社会的多数领域，具体表现在行政审批事项上。一个项目往往要经过多个部门与环节的审批才可以设立，不仅增加了各种成本，也限制了市场与社会的积极性，还会滋生权力寻租的腐败行为。

2013 年 3 月 14 日，第十二届全国人民代表大会第一次会议通过了《国务院机构改革和职能转变方案》，该方案提出：必须处理好政府与市场、政府与社会、中央与地方的关系，深化行政审批制度改革，减少微观事务管理，该取消的取消、该下放的下放、该整合的整合，以充分发挥市场在资源配置中的基础性作用、更好发挥社会力量在管理社会事务中的作用。之后，从国务院到各级地方政府，逐步取消、清理、下放有关的行政审批事项，国务院仅用时两年就提前实现了减少三分之一行政审批事项的承诺，并全部取消了非行政许可审批。

赛事活动是体育的重要表现形式，尤其是群众性体育赛事，是公共体育服务的重要内容之一。社会力量逐渐开始具有办赛的能力和意愿，但由于政府行政审批的限制，社会力量往往无法顺利主办赛事。2014年 10 月 20 日，国务院发布《国务院关于加快发展体育产业促进体育消费的若干意见》，明确提出：取消商业性和群众性体育赛事活动审批，加快全国综合性和单项体育赛事管理制度改革，公开赛事举办目录，通过市场机制积极引入社会资本承办赛事。有关政府部门要积极为各类赛事活动举办提供服务。这一文件对激发社会力量的办赛活力来说是一项意义重大的改革。国家体育总局紧接着在 2014 年 12 月发布了 3 份文件：《体育总局关于推进体育赛事审批制度改革的若干意见》《体育总局关于印发〈全国性单项体育协会竞技体育重要赛事名录〉的通知》（《全国性单项体育协会竞技体育重要赛事名录》，以下简称《赛事名录》）和《关于印发〈在华举办国际体育赛事审批事项改革方案〉的通知》，将全国性体育赛事分为 4 类，即全国综合性运动会、《赛事名录》内赛事、《赛事名录》外赛事、特殊项目赛事。其中，全国综合性运动会仍然由国务院审批，《赛事名录》内赛事主要由全国性单项体育协会主办，无须国家体育总局及其各厅、司、局、直属单位审批，《赛事名录》外的群众性和商业性赛事取消审批，合法主体均可以举办。3 份文件的出台也是体育行政部门落实简政放权的一项重要举措。

一些地方政府在公共体育服务供给中，已经将权力下放给当地的体育社会组织，并且形成了良好的长期合作关系。笔者在广东省、上海市等省市进行调研的过程中，多次听到体育局主管群众体育工作的领导提及，政府现在不具体组织比赛、活动、培训等项目，这些项目基本通过协会、俱乐部等体育社会组织去做，体育局给予资金、组织协调等方面的支持。

当然，赛事审批改革并不十分彻底，主要存在两个问题：①《赛事名录》中的 167 项赛事虽然不需要政府审批，交由全国性单项体育协会主办，但目前很多单项体育协会并非完全独立的法人组织，官方色彩仍然很强；②因为以"中国""全国"等命名的赛事只能由全国性单项体育协会主办或作为主办方之一，因此，很多地方也对以当地名称命名的赛事做出类似要求，或者仍然需要当地政府或体育行政部门的审批，类似的规定在某种程度上又对举办赛事进行了限制，增加了办赛成本。

综合来看，简政放权的各项举措正在稳步推进，但现实中仍存在较多繁琐耗时的审批环节，正如国家行政学院陶勇分析的，问题出在改革的"最后一公里"上。简政放权的"最后一公里"仍然牢牢掌握在各级地方政府及行政部门手中。即使付出再多的努力，"最后一公里"如果不能打通，也难以到达令公众满意的效果。所以，自2015年10月开始，国务院先后两次共计清理214项中央指定地方实施的行政许可事项。这也意味着今后行政许可只能依据《中华人民共和国行政许可法》的规定设定，部门规章和规范性文件将不再是制定行政许可的依据。表3-1为目前以国家体育总局为业务指导部门的中央指定地方行政许可审批事项。

表3-1　以国家体育总局为业务指导部门的中央指定地方行政许可审批事项

编码	地方实施许可名称	审批对象	审批层级和部门
D28001	从事射击竞技体育运动单位审批	事业单位、社会组织	体育主管部门（省、自治区、直辖市）
D28002	经营高危险性体育项目许可	事业单位、企业、社会组织、个体工商户	体育主管部门（省、市、县）

续表

编码	地方实施 许可名称	审批对象	审批层级和部门
D28003	举办健身气功活动及设立站点审批	事业单位、企业、社会组织、个人	举办活动：体育主管部门（省、市、县） 设立站点：县级人民政府体育主管部门
D28004	举办攀登山峰活动审批	机关、事业单位、企业、社会组织、个人	体育主管部门（省、自治区、直辖市）
D28005	临时占用公共体育场（馆）设施审批	事业单位、企业、社会组织、个人	体育主管部门（省、市、县）

资料来源：中央机构编制网。

3.2.2 提供公共体育服务成为政府的重要职能

政府的首要任务是提供令公众满意的公共服务。按照威尔逊提出的"政治－行政二分"理论，政治体现为决策与立法，民主体制下的政治价值应该以全体公民的需求，即公共利益为取向。而政府是执行决策和立法的行政机构，从理论逻辑上来讲，政府与公民之间是一种委托－代理关系，公民纳税，委托政府实现其权益。所以，政府的首要任务就是满足公众的公共需求，提供令公众满意的公共服务。2012 年7 月，国务院印发《国家基本公共服务体系"十二五"规划》，对基本公共服务的概念进行了界定：基本公共服务指建立在一定社会共识基础上，由政府主导提供的，与经济社会发展水平和阶段相适应，旨在保障全体公民生存和发展基本需求的公共服务。享有基本公共服务属于公民的权利，提供基本公共服务是政府的职能。

从功能上来讲，体育是促进人的发展的重要途径，每个公民都享有通过体育促进自身发展的权利。满足大众的体育需求既是公共服务体系的重要内容，也是政府的基本职能。随着经济社会的进步，公众的体育需求不断提高且日益多样化，仅组织一些活动是无法满足公众的多样化需求的。所以，自2006年党中央对公共服务界定之后，我国逐渐用"公共体育服务"来替代"群众体育"，意在体现社会成员体育需求的多样性、公共性，明确政府做好服务的角色。称谓的变化显示着公共体育服务行政使命的演进。

1993年，国家体委出台了《国家体委关于深化体育改革的意见》，该文件对于群众体育的未来发展模式提出了非常具体且具有开拓性的意见。例如，文件提出，群众体育实行国家办和社会办相结合并以社会化为突破口，调动全社会多渠道、多层次、多形式办体育的积极性方针；县和城市的区建立社会体育指导中心，发挥社会体育指导员的骨干作用；群众体育协会在重视社会效益的前提下，亦要重视经济效益，开放搞活，积累资金，逐步向实体化过渡；从1993年起，国家体委事业经费扶持三年，三年后以自筹经费为主，国家体委事业经费适当补贴。可以说，这份文件的出台标志着体育行政部门的职能从专注竞技体育开始转移到竞技体育与群众体育协调发展上。1995年8月，全国人大常委会颁布《中华人民共和国体育法》，2009年8月，国务院颁布《全民健身条例》，两个文件从法律角度对群众体育的组织管理、保障条件和法律责任进行了规定，群众体育从此在法律层面有了保障，进入法治化轨道。

在1995—2016年间，国务院相继发布了《全民健身计划纲要》《全民健身计划（2011—2015年）》和《全民健身计划（2016—2020年）》。20年间，全民健身计划的指导思想、目标、内容、组织实施逐渐全面和科学。这些文件的陆续推出实际反映出政府职能在逐渐发生转变，国家对于体育的理解和认识程度在不断加深。比如，《全民健身计划（2016—2020 年）》指出，全民健身是实现全民健康的重要途径和手段，是全体人民增强体魄、幸福生活的基础保障。实行全民健身计划是国家的重要发展战略。尤其是全民健身"三纳入"（将全民健身事业纳入各级国民经济和社会发展规划、将全民健身事业经费纳入各级财政预算、将全民健身工作纳入各级政府年度工作报告）提出之后，全民健身事业已经成为政府的重要职能之一。政府的角色从过去的"包办"逐步过渡到"主导"，并动员全社会共同参与。

政府职能向公共体育服务转移的一个重要表现就是资金的支持。目前，开展公共体育服务的主要资金来源于体育彩票公益金，其已经成为公共体育服务的"生命线"。从 1994 年国家体委正式发行体育彩票，至 2015 年 12 月 31 日，全国体育彩票累计销售 10 445.11 亿元，累计筹集体育彩票公益金 2899.40 亿元，年度筹集体育彩票公益金总额从 1994—1995 年度的 2.25 亿元增加到 2015 年的 415.00 亿元（表 3-2）。

表 3-2　1994—2015 年体育彩票销售、筹集、分配情况

单位：亿元

年份	销售额	筹集额（体育彩票公益金）	国家体育总局本级留存	地方留存
1994—1995	10.00	2.25	—	2.25
1996	12.00	2.87	0.73	2.15
1997	15.00	4.27	0.79	3.72
1998	25.00	7.60	1.24	6.36
1999	40.36	12.11	1.50	9.96

续表

年份	销售额	筹集额 （体育彩票公益金）	国家体育总局 本级留存	地方留存
2000	90.72	27.46	4.74	19.87
2001	149.34	44.80	4.00	22.96
2002	217.73	76.21	4.00	33.58
2003	201.26	70.47	4.00	30.58
2004	154.23	53.98	4.29	26.39
2005	302.54	103.62	4.89	50.38
2006	323.62	106.06	6.06	52.99
2007	385.14	127.06	6.94	63.52
2008	456.15	137.02	15.75	68.46
2009	568.80	165.21	7.00	82.60
2010	694.65	191.94	10.53	96.25
2011	937.85	252.83	14.30	126.95
2012	1104.92	293.80	20.10	146.85
2013	1327.97	350.84	23.05	175.50
2014	1764.10	454.00	22.48	227.00
2015	1663.73	415.00	27.27	207.50
合计	10 445.11	2899.40	183.66	1455.82

资料来源：1994—2013 年数据来源于《中国体育彩票公益金使用情况研究报告（1994—2013）》，2014、2015 年数据来源于当年度"国家体育总局本级体育彩票公益金使用情况公告"。

表3-2 中，1994—1995 年度筹集的体育彩票公益金国家体委并未留存，而是全额分配给地方政府，用于补充大型体育运动会的举办费用。从表3-2 的数据来看，国家体育总局本级留存的体育彩票公益金从1996

年的 0.73 亿元增加到 2015 年的 27.27 亿元，地方留存从 1994—1995
年的 2.25 亿元增加到 2015 年的 207.50 亿元。

按照彩票发行宗旨，体育彩票公益金将被更多地用于群众体育。
国家体育总局自 1996—2015 年期间，共计使用本级体育彩票公益金
183.66 亿元，其中，用于全民健身 137.70 亿元，占比约 75%，用于奥
运争光计划 45.96 亿元，占比约 25%（图 3-1）。2008 年之前，群众
体育和竞技体育的逐年支出总额总体呈小幅增长趋势，并且两部分支
出相对来说差距不大。2008 年之后，群众体育的支出呈现非常明显的
增长趋势，竞技体育支出相对平稳（表 3-3）。

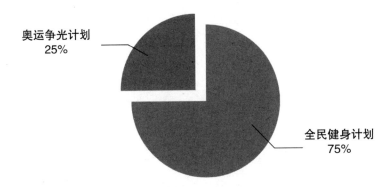

图 3-1　1996—2015 年国家体育总局本级体育彩票公益金使用比例

（资料来源：1994—2013 年度数据来源于《中国体育彩票公益金使用情况
研究报告（1994—2013）》，2014、2015 年数据来源于当年度"国家体育总局
本级体育彩票公益金使用情况公告"）

表 3-3　1996—2015 国家体育总局集中使用体育彩票公益金情况

单位：万元

年份	全民健身计划	奥运争光计划	总支出
1996	3357	3900	7257
1997	4820	3068	7888

年份	全民健身计划	奥运争光计划	总支出
1998	7423	4948	12 371
1999	10 265	4721	14 986
2000	32 159	15 207	47 366
2001	28 069	11 870	39 939
2002	27 000	13 000	40 000
2003	27 000	13 000	40 000
2004	27 100	15 787	42 887
2005	26 680	22 177	48 857
2006	28 400	32 195	60 595
2007	33 152	36 250	69 402
2008	80 363	77 137	157 500
2009	46 685	23 315	70 000
2010	76 910	28 390	105 300
2011	113 170	29 854	143 024
2012	159 084	41 964	201 048
2013	203 969	26 575	230 544
2014	199 363	25 528	224 891
2015	242 002	30 727	272 729
合计	1 376 971	459 613	1 836 584

总之，无论是在国家政策还是资金支出方面，群众体育工作已经成为体育行政部门的重要职责。过去由于主要抓竞技体育工作，各级群众体育职能部门往往不受重视，甚至无事可做。而现在的情况恰恰相

反，群众体育职能部门工作人员已成为体育行政部门的主力军。尤其是北京奥运会成功举办之后，广大群众对体育表现出强烈的热情。体育正在悄然回归其本质。为了满足广大人民群众日益增长的体育需求，为了纪念北京奥运会的成功举办，国务院批准，从 2009 年起，把每年的 8 月 8 日定为"全民健身日"，体育正逐渐成为人们的一种生活方式。可以预见，随着人们对体育的需求和意识日益提高，作为主导角色的政府人员将会面临更大的挑战。

3.2.3 政府不再是公共服务的直接提供者

当今国内的经济和社会背景已经发生了根本性的变化。新的形势下，市场与社会将会逐渐成熟与规范，政府不可能也不应该再扮演全能的角色。党的十八大以来，国家加快深化政府行政体制改革，目的就是重新定位政府的角色与职能。现阶段，复杂的环境对政府提出了更高的要求，其在公共服务供给中的角色不是单一的，而是多元的，政府至少应该扮演以下几种角色。

首先，公共利益的发现者。在挖掘公共利益方面，政府比市场与社会具有更多的资源优势。特别是政府拥有掌握全社会各项信息的优势，能够从更高、更广的角度发现公共利益。例如，我国近些年通过对国民体质的监测，可以发现哪些群体的身体素质呈现下降趋势，并采取相应的措施进行干预。

其次，公共利益的守护者。无论政府是否直接提供公共服务，政府都是公共利益的最终负责人，公共利益的实现也是政府完成使命的最佳体现。不能因为有其他主体参与提供公共服务，政府就撒手不管。这一点在公共体育服务中表现尤为突出。以社会力量办赛为例，由于国内赛事行政审批刚刚解冻，很多赛事组织者能力有限，一些比赛的组织工作还有待规范。近几年来，我们经常见到媒体报道一些群众体育比赛活动中人身伤害、扰民、破坏环境设施等损害公共利益的情况。所以，政府一定要坚守公共利益的底线，确保公众的基本体育需求得到满足。

最后，多元主体的协调者。市场与社会的逐渐崛起奠定了公共体育服务多元主体供给的机制基础。虽然从理论上说，政府在多元主体中不是绝对的权威，但政府的职能赋予了它在多元主体供给体系中的主导位置。一方面，当前市场和社会组织并不规范，特别是社会组织处于发展起步阶段，政府要充分动员、扶持、规范社会组织的发展，让社会组织有良好的能力为社会提供公共服务；另一方面，供给体系中的多元主体由于秉持不同的价值理念，利益冲突不可避免。这一点在我国较发达地区公共体育服务多元主体供给实践中已经显现出来，这种利益冲突将会随着社会组织的发展壮大变得越来越激烈，所以政府将会面临协调各利益主体间关系的复杂局面。

纵观我国公共体育服务的发展历程，大体可以分为计划经济时代的职工体育、改革开放初期的群众体育、党的十八大之后构建的公共体育服务体系3个阶段（图3-2）。政府的角色从包办到主办再到主导，整个过程离不开国家的推动与政府自身的改革。所谓中国特色，即中国的市场和社会环境与西方发达国家的情况有本质区别，要实现尽快追赶的目标必然离不开国家的推动。随着深化改革的红利不断释放，公共体育服务供给的市场化、法治化、共治化将会更加规范、健康。

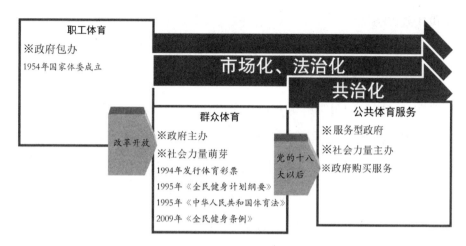

图 3-2 我国公共体育服务发展的主要阶段划分

综合以上论述，在当今形势下，政府在公共体育服务中的职能已经发生了根本变化，政府的行政机构、职责、角色定位面临前所未有的挑战。

3.3 创新社会治理体制

3.3.1 体育社会组织的基本属性

社会组织是我国特有的表述，过去称为"民间组织"。2006 年，党的十六届六中全会首次提出了"社会组织"一词，表明党和国家开始重视政府和企业之外的第三方重要力量。随后，很多地方的民间组织管理局相继改为社会组织管理局，2016 年 8 月 30 日，民政部民间组织管理局正式更名为社会组织管理局。虽然名称上只是两字之差，但反映出国家和社会对社会组织的态度已经开始转变。社会组织在国外又被称为非营利组织或非政府组织，虽然称谓不同，但就组织实质来说没有区别，只是不同的称谓侧重不同的组织属性，如我国的社会组织更强调其社会性和社会功能。

关于社会组织的共同属性，美国学者莱斯特·M.萨拉蒙（Lester M. Salamon，以下简称萨拉蒙）认为，具有组织性、非营利性、非政府性、自治性、志愿性的组织就是非营利组织。[①]

组织性指社会组织内部有相应的管理制度和结构。比如，社会组织在民政部门登记注册时必须具备组织章程、规范的组织名称以及相应的组织机构。年度检查与评估时，民政部门也会对社会组织的会员大会、理事会、监事会等相应制度是否健全提出要求。

非营利性指社会组织不以营利为目的，不可以在社会组织内部进行利润分红，任何组织和个人不得侵占社会组织的财产。社会组织在注销清算时，其资产应当用于公益目的。

非政府性指社会组织不是政府的附属机构，是独立的法人，也不应由政府出资成立，不具有自上而下的官僚科层制，不具备排他性的垄断性权力或权威。

自治性指社会组织全体成员在自由、平等的基础上自主决策和开展活动，社会组织的行为不应该受到来自政府、企业以及其他社会组织等任何强制力的干预。

志愿性指社会组织的成员是基于兴趣、自愿、奉献等因素而结社，而不是为了谋取利益，志愿者是社会组织的重要人力资源。

上述五方面特性是社会组织区别于政府、企业的本质属性。体育社会组织既有社会组织的共同属性，又有区别于其他社会组织的特殊属

---

① SALAMON L. Global civil society: dimensions of the nonprofit sector（volume two）[M]. Hartford: Kumarian Press，2004：9-10.

性。体育社会组织除了具有以上属性外，由于附加了体育的特性，所以还具有以下典型特征。

（1）体育社会组织具有以"身体活动"为中心的特征。体育的重要表现形式是身体活动。某些单项体育社团、青少年体育俱乐部直接以身体活动为中心，它们通过举办各种比赛、活动、培训来提高自身能力。另外，还有一些体育社会组织，虽然不直接组织体育活动，但间接地与身体活动相连，如体育学术类组织、体育志愿组织、体育信息类组织等。

（2）体育社会组织具有较强的专业性。体育运动要遵循人体解剖学、生理学、心理学、动作技能学习等学科知识的客观规律，而且不同的项目具有相应的规则和技术标准，专业性要求较高。因此，体育社会组织表现出不同的项目专业特征，如篮球协会、网球协会、羽毛球俱乐部等。某些体育社会组织之所以发展得较好，往往是因为其在专业性上具有优势。

（3）体育社会组织对场地、器材以及人才具有依赖性。体育与活动直接相关，而进行活动必然离不开场地，一些项目的场地往往具有排他性，比如高尔夫、马术、乒乓球等，开展这些项目只能依赖特殊的场地和器材。此外，体育社会组织同样非常依赖裁判员、教练员等具有专业技能的人才，在成熟的体育单项协会中通常有很多优秀的裁判员和教练员，其内部一般也会设置裁判员分会、教练员分会等机构。

（4）体育社会组织离不开人们的参与和体验。"现代奥林匹克之父"皮埃尔·德·顾拜旦（Pierre de Coubertin）曾说过："奥运会最重要的不是输赢，而是参与。"通过参与，人们可以体验到体育的魅力与乐趣，塑造完善的人格。我国目前之所以有数目庞大的社区基层体育组织，根本原因就是人们在参与的过程中体验到乐趣而产生兴趣，并自愿形成组织。

3.3.2　体育社会组织的重要功能

体育社会组织可以按照受益面与程度分类，如图 3-3 所示。

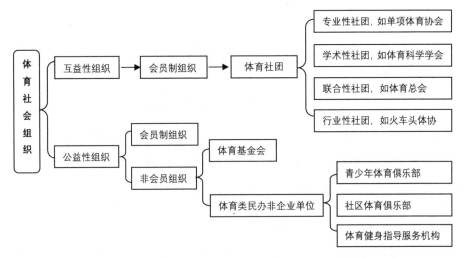

图 3-3　体育社会组织按照受益面与程度分类 [①]

下面对体育社会组织在整合社会资源、提供社会服务、建构社会资本、推进社会治理等方面的功能做进一步分析。

（1）整合社会资源的功能。

在各种活动开展中可以整合的社会资源包括资金和人力资源。首先，资金主要来自会费、社会捐赠以及政府支持 3 个渠道。3 个渠道的资金占比根据不同的组织和发展阶段有所区别。但从国际趋势来看，

---

① 刘国永，裴立新. 中国体育社会组织发展报告（2016）[M].北京：社会科学文献出版社，2016：23.

会费和政府支持的资金占比逐渐提高，慈善捐赠并不是主要来源。萨拉蒙对全球 22 个国家的非营利组织收入来源进行分析后得出，会费收入占比 49%，政府支持占比 40%，而慈善捐赠仅占 11%。在笔者对全国范围内的 36 家青少年体育俱乐部的调研中，关于"是否有社会组织或个人对本单位有捐赠或资助意向"一题，选择"有"的只有 10 家，占比 27.8%。青少年体育俱乐部属于民办非企业单位，其收入来源主要依靠为青少年会员提供体育技能培训的服务性收入。而体育社会团体属于公益性组织，如各种项目协会，这类组织主要是以共益、互益为特征，即更多地以满足团体内部成员的利益为目的，同时兼顾服务社会的功能，所以，这类组织的收入更多地来自会费。但在我国经济发达省市，比如广东、江苏、浙江、北京、上海等省市，一些当地企业对体育慈善表现出较高的热情，暂且不论企业捐赠是出于公益目的还是经济目的，体育社会组织确实正在整合社会资金。

体育社会组织整合的第二类资源就是志愿者资源。在我国的各种体育社团、体育俱乐部、基层体育组织中存在大量的志愿者群体，他们因志愿精神和对体育的热情聚合在一起，不仅能够提供服务，而且可以降低体育社会组织的活动成本。如果体育社会组织具有较强的整合志愿服务的能力，那么，其在承接政府的购买服务活动中将会占据一定优势。笔者在对广东省惠州市的调研中发现，惠州市登山户外运动协会在每年组织的徒步、骑行、野外生存培训等各项大型活动中都充分发挥志愿者的作用，既降低了活动成本，又取得了非常好的社会效益。

此外，因为群众体育本身就具有产业价值，而体育社会组织是群众体育的重要依托主体，所以，体育社会组织的发展必然会推动体育产业的发展。这些组织同样面临市场的检验，一些"有事做"并能"做好事"的组织将会在体育产业开发中获得巨大的发展机遇。笔者在对惠州市登山户外运动协会的负责人的访谈中了解到，惠州市登山户外运动协会的专职工作人员的收入在当地属于中高等水平。而有些协会的工作人员收入却只能勉强高于当地最低生活保障线。体育社会组织同样需要科学的管理与经营，只有做大做强才可以形成自身的品牌，吸引商业赞助，逐步形成产业链，带动当地体育产业的开发。

（2）提供社会服务的功能。

社会组织存在与发展的基础是为了满足社会需求，所以，提供社会服务是社会组织的最基本的功能。按照社会服务的受益面与程度可以将社会组织分为公益性社会组织和互益性社会组织两大类。

公益性社会组织提供的服务并非面向特定的社会人群，即不是向某一类人或一部分人提供服务，服务不具有排他性。在体育社会组织中，各种体育类民办非企业单位属于公益性体育社会组织，比较典型的是青少年体育俱乐部、社区健身俱乐部以及体育健身指导服务机构。这里必须明确一点，公益性体育社会组织提供服务并不等于提供免费的服务，它们如果连基本的生存都无法解决，那么就无法提供服务。所以，公益性、非营利性并不等同于免费。据笔者了解，一些经济较发达地区的青少年体育俱乐部在服务收费方面基本按照不高于市场化标准来定价，如广东、北京、上海等地。这些服务机构尽管收费，但由于其非营利的本质属性，它们把服务收费获得的收入结余通过举办免费公益体育活动、向弱势群体提供免费体育培训等形式反哺社会。

互益性社会组织通常为特定群体提供服务，这类组织有服务对象的边界，以会员制为基本形式，通过收取一定的会费，为会员免费或低收费提供服务，内部存在公益性，当然也有一部分互益性社会组织对外开展公益性活动。大部分会员制社会组织属于互益性社会组织。体育类互益性社会组织主要指各种体育社团，包括专业性社团、学术性社团以及联合性社团和行业性社团。

另外，体育社会组织承接政府的购买服务，形成与政府助力互补、合作互动、共同发展的关系。一方面，现代社会对政府职能及行政方式的要求愈发严格，"有限政府"是政府行政体制改革的必然趋势。另一方面，人们的公共体育服务需求不断扩大，越来越多样化和精准化，靠政府直接提供服务的方式已经不能完全满足社会需要。所以，在政府向"服务型政府"转变的背景下，体育社会组织由于其非营利性的属性，成为政府的合作伙伴。政府正在逐步向体育社会组织转移更多的资源，双方共同承担起公共体育服务供给的职责。在承接政府购买服务方面，公益性社会组织和互益性社会组织将会不可避免地面临竞争，尤其是在当前政府资助力度和范围比较有限的阶段。

（3）建构社会资本的功能。

有学者认为，社会资本是指社会组织的特征，诸如信任、规范以及社会组织网络，它们能够通过促进合作来提高社会的效率。社会资本中的核心元素是信任、规范的互惠互利和社会组织网络，这些元素相互渗透、互为基础并在此过程中得到支持和强化。

人类不仅有衣食住行等物质需要，还有结社这一基本的社会需要。

我国宪法也明确公民有结社的自由。社会组织是公民结社权得以体现的形式。不管是公益性社会组织还是互益性社会组织，都是人们在一定的价值认同、集体共识、社会信任的基础上而组成的共同体。在这个共同体中，各社会组织通过相互合作、沟通，共同参与，增进了彼此间的信任。如果将社会组织对各种资源的整合视为"投入"的话，那么，社会组织的"产出"不仅仅是服务，还是对社会资本的建构和扩大。例如，在互益性会员制的各种体育单项社团中，会员首先是因为对某项运动的热爱与兴趣而聚在一起；其次，只有会员充分认可社团宗旨，各项活动才可以顺利开展。而且社团是一个共同体，其目标是促进所有成员的利益实现，这当然也离不开会员之间的合作。惠州市登山户外运动协会每年都会组织多场近万人参与的大型户外活动，这些参与者和志愿者之所以能够付出巨大的热情，离不开他们对协会倡导的户外理念的认同。再如，以体育类民办非企业单位中占比最高的青少年体育俱乐部为例，俱乐部的工作主要是开展各种青少年体育技能培训和比赛活动，在体育活动过程中促进青少年全面发展。青少年体育俱乐部能否取得成功，在于其教育理念和水平是否科学、先进，能否取得青少年家长的信任。只有得到家长的信任，即使收费稍高，家长也乐意将孩子托付给这些俱乐部。因此，体育本身所具有的教育功能使得体育社会组织在积累社会资本方面具有优势。

另外，仅就体育事业而言，笔者认为，社会资本可以促进全民健身的健康理念的形成。我国自 1995 年由国家推动全民健身计划以来，全民健身理念逐渐深入人心。除了国家政治推动的因素以外，各种体育社会组织也功不可没，尤其是在城乡基层社区中大量存在的"草根"体育组织。这些最贴近群众的"草根"体育组织规模小，数量巨大，日常活动多，它们倡导平等、共享、互助的参与和奉献精神，对营造全民健身氛围具有重要的意义。

（4）推进社会治理的功能。

党的十八届三中全会明确要创新社会治理。由社会管理到社会治理，虽然只是一字的区别，但体现出不同的理念。社会管理更强调通过政府以各种规章制度采取刚性的权威方式管理社会事务。而社会治理则强调政府、社会组织、企事业单位、社区及个人等多种主体通过平等的合作、对话、协商等方式，依法对社会事务和社会生活进行引导和规范，最终实现公共利益最大化。社会组织的生成来自社会需要，立足于社会服务，无论从其本质属性还是功能角度来说，社会组织都是社会治理的主体之一。

首先，社会组织是公民为了满足结社需要，依循某种兴趣或宗旨自发形成，以平等、志愿、互益或公益为行为特征来实现个人的社会需求，参与社会事务的平台。简单地说，社会是在某种环境下形成的个体间关系的总和，其本身是一个具有自组织能力的有机体，在一定程度上能够自我平衡与修复，即社会自治。社会组织是社会个体间关系的一种体现，当这种关系在良性发展过程中被放大之后，便会逐步形成和谐的社会。所以，社会组织是促进社会自治的途径。

其次，由于社会组织秉持合作共益、平等、志愿、公益慈善等理念，人与人之间搭建了沟通、理解、对话的桥梁，有助于化解各种利益冲突与矛盾。体育社会组织具有特殊功能，通过其组织的各种身体活动，既可以让人愉悦身心，释放压力，又拉近了人与人之间的距离，是社会稳定的"减压阀"。

最后，社会组织可以弥补政府与私营部门在社会治理和公共服务中的不足。政府与私营部门既有各自的优势与资源，也有各自的劣势。政府由于其行政体制或者行政人员"经济理性"的存在，在社会治理与公共服务中会出现"政府失灵"。而私营部门由于其逐利的特征，会导致资源配置偏离公共利益，出现"市场失灵"。而社会组织的非政府性、非营利性恰恰可以弥补政府与私营部门的不足，三个主体间的资源互补与良性合作可以推动社会治理水平与公共服务质量的提高。

3.3.3 创新社会治理体制

改革开放以来，相比于经济体制改革，我国的社会建设明显滞后，部分政府行政体制甚至成为社会建设前进道路上的羁绊。党的十八大以来，党和国家高度重视社会建设，明确提出创新社会治理体制，积极推动社会组织向实体化、法人化方向发展。在社会组织与政府间关系、登记注册、扶持、规范发展等方面进行了大量的顶层设计。

（1）政社分开。

长期以来，我国政府与社会组织之间属于"强政府、弱社会"的关系。政府控制着社会组织的登记管理、人员编制、内部管理、经费来源等诸多重要内容，社会组织只有依附于政府才可以生存，甚至大量的社会组织与政府部门是"两块牌子，一套班子"。所以，绝大多数社会组织不具备独立的法人主体地位和自治能力，参与社会治理也就无从谈起。所以，社会组织必须与政府部门脱离。

党的十八大报告针对深化政府行政体制改革提出：要按照建立中国特色社会主义行政体制目标，深入推进政企分开、政资分开、政事分开、政社分开，建设职能科学、结构优化、廉洁高效、人民满意的服务型政府。其中，政社分开既是创新社会治理的内容，也是现阶段改革的重要目标。2015 年 7 月，中共中央办公厅、国务院办公厅印发《行业协会商会与行政机关脱钩总体方案》，对政社分开的具体任务、措施、时限以及相关配套政策进行了明确说明，也正式拉开了政社分开改革的大幕。党的十八大以来针对政社分开的部分重要文件及相关内容见表 3-4。

表 3-4 党的十八大以来针对政社分开的部分重要文件及相关内容

序号	文件名称	颁布时间	颁布机构	相关内容
1	《中共中央关于全面深化改革若干重大问题的决定》	2013 年 11 月	中国共产党第十八届中央委员会	激发社会组织活力。……加快实施政社分开……限期实现行业协会商会与行政机关真正脱钩，重点培育和优先发展行业协会商会类、科技类、公益慈善类、城乡社区服务类社会组织，成立时直接依法申请登记
2	《行业协会商会与行政机关脱钩总体方案》	2015 年 7 月	中共中央办公厅、国务院办公厅	机构、职能、资产财务、人员管理、党建外事等事项 5 方面的分离与规范。2015 年下半年开始第一批试点，2016 年总结经验、扩大试点，2017 年在更大范围试点

续表

序号	文件名称	颁布时间	颁布机构	相关内容
3	《民政部、国家发展改革委关于做好全国性行业协会商会与行政机关脱钩试点工作的通知》	2015年7月	民政部、国家发展改革委	各业务主管单位按照主管全国性行业协会商会数量的1/6推荐参加2015年试点名单，2016年按照剩余数量的1/4左右确定试点名单，2017年按照剩余数量的1/3左右确定试点名单。2016年7月10日前完成第一批脱钩试点工作
4	《行业协会商会与行政机关脱钩联合工作组关于公布2015年全国性行业协会商会脱钩试点名单的通知》	2015年11月	行业协会商会与行政机关脱钩联合工作组	148家脱钩试点
5	《行业协会商会与行政机关脱钩联合工作组关于公布2016年全国性行业协会商会脱钩试点名单（第二批）的通知》	2016年6月	行业协会商会与行政机关脱钩联合工作组	144家脱钩试点

资料来源：中国政府网、民政部网站公布文件。

在国家层面，民政部与国家发展和改革委员会联合推动，分别于2015年11月和2016年6月确定两批共计292家全国性行业协会商会脱钩试点单位。其中，归口国家体育总局业务主管的全国性体育社会组织共有19家，见表3-5。

表 3-5 归口国家体育总局业务主管的全国性体育社会组织脱钩试点名单

序号	体育社会组织名称	确定名单时间	脱钩完成时间
1	电力体育协会	2015 年 11 月	2016 年 7 月
2	全国体育运动学校联合会		
3	中国兵器工业体育协会		
4	中国大学生体育协会		
5	中国化工体育协会		
6	中国火车头体育协会		
7	中国煤矿体育协会		
8	中国企业体育协会		
9	中国少数民族体育协会		
10	中国石油体育协会		
11	中国体育场馆协会		
12	中国体育集邮与收藏协会		
13	中国体育用品联合会		
14	中国中学生体育协会		
15	中国信鸽协会	2016 年 6 月	2017 年 7 月
16	中国风筝协会		
17	中国健美协会		
18	中国龙狮运动协会		
19	中国老年人体育协会		

资料来源：根据民政部网站公布的文件整理。

相比于国家层面的改革，一些经济发达的省市早在 2010 年前后就开始积极响应国家的号召，大胆探索创新社会组织管理体制，进行有针对性的改革。改革过程中，由于地域的差异，有些省市进行得比较彻底，步子迈得比较大，也有一些省市的改革属于渐进式的温和型改革。经过几年的改革实践，地方政府为国家进一步规范社会组织管理体制和制定政策提供了宝贵的经验，甚至在某种程度上地方的改革实践促进或"倒逼"了国家层面政策的加快出台。

笔者多次赴广东省调研，这里以广东省为例做简要介绍。2012年4月，中共广东省委、广东省人民政府联合印发《关于进一步培育发展和规范管理社会组织的方案》，该方案中关于政社分开的要求非常明确，可以归结为"五自四无"，具体如下。

五自：自愿发起、自选会长、自筹经费、自聘人员、自主会务。

四无：无行政级别、无行政事业编制、无行政业务主管部门、无现职国家机关工作人员兼职。

此外，该方案还提出，从2012年7月1日起，除法律法规规定需要前置审批的以外，广东省社会组织的业务主管单位均改为业务指导单位，申请成立社会组织由民政部门直接审查登记。同时，在社会组织中引入竞争机制，积极推行"一业多会"。广东省的改革举措非常明确地以"去行政化、去垄断化、去单一化"为目标，彻底消除政府对社会组织不必要的行政干预，极大地激发了社会组织的活力。

2012年8月，国务院批准广东省在"十二五"期间在行政审批制度改革方面先行先试。广东省高度重视改革试点工作，把改革试点工作与转变政府职能结合起来，与强化监管和公共服务结合起来，为进一步推进全国行政审批制度改革积累经验。

经过 4 年的改革，广东省内很多市、县、区级的单项体育协会都与原体育主管部门脱钩，成立体育社会组织不再需要体育局的前置审批，体育社会组织成立之后，体育局只作为业务指导单位。但是，在调研过程中，笔者也发现，广东省级的一些单项体育协会仍然没有完全实现脱钩，落实脱钩工作也存在一定观念和行动上的阻力。2016 年 7 月，广东省依照中共中央办公厅、国务院办公厅于 2015 年印发的《行业协会商会与行政机关脱钩总体方案》的精神，以机构、职能、资产财务、人员管理、党建外事等事项 5 方面的分离与规范为任务依据，确定了 100 家省级行业协会商会脱钩试点，脱钩任务要求限期于 2016 年 10 月 30 日之前完成，其中体育类有 2 家。

尽管不同地区、不同项目在脱钩进程上会有所差异，但很显然政社分开已经是国家非常明确的改革方向，具有明显的自上而下推动的特点。总体来看，一些市、县、区级社会组织已经逐步实现脱钩，但省级和国家级的社会组织的脱钩还有待进一步深化。这也充分证明政社分开既要敢于突破，又要稳健实施。国家体育总局在 2014 年就制定了《以运动项目管理中心和单项体育协会改革为突破口，深化体育管理体制改革的方案》，强调以足球和赛车作为奥运和非奥运项目的先行试点，推动 34 个体育协会与国家体育总局脱钩。社会组织与政府脱钩之后，政社双方各司其职，社会组织将会逐步回归其志愿和自治的本质属性，而政府将会对其减少行政干预，社会组织的活力得到释放。当然，社会组织与政府分开后，过去由政府"供养"的情形将不复返，社会组织必须学会接受并尽快适应市场竞争的洗礼，快速发展壮大，承接政府购买的服务项目。

（2）社会组织直接登记管理制度。

针对社会组织管理制度，我国长期实行登记管理机关和业务主管单位双重负责的管理体制，即成立社会组织首先需要通过业务主管部门的前置审批才可以到民政部门申请注册登记。党的十八大之后，国家在社会组织的登记管理制度上不断释放出宽松的信号。2013年，《国务院机构改革和职能转变方案》与党的十八届三中全会通过的《中共中央关于全面深化改革若干重大问题的决定》都明确提出，重点培育和优先发展行业协会商会类、科技类、公益慈善类、城乡社区服务类社会组织，成立时直接依法申请登记。4类社会组织直接登记的创新举措，对于社会组织的发展来说是一项具有重要意义的里程碑式改革，充分显示了国家对于社会建设的重视程度和治理理念的更新。

我国多个省市在2012—2015年间相继开始制定关于社会组织直接登记的管理制度，其中，深圳市在2008年就已经开始探索实施社会组织直接登记制度，作为改革开放以来第一个经济特区和计划单列市，深圳市又一次站在改革浪潮的浪尖。深圳市社会组织登记管理体制改革成为2009年第五届"中国地方政府创新奖"的30个入围项目之一。直接登记制度有效刺激了社会组织申请成立的积极性，以实施直接登记制度比较早的安徽省为例，截至2016年1月，全省已登记各类社会组织2.6万余个，较"十一五"末期增长74.7%。

2016年5月26日和8月1日，民政部先后发布了《民政部关于〈民办非企业单位登记管理暂行条例（修订草案征求意见稿）〉公开征求意

见的通知》《民政部关于＜基金会管理条例（修订草案征求意见稿）＞
公开征求意见的通知》《民政部关于公开征求＜社会团体登记管理条
例＞（修订草案征求意见稿）意见的通知》。在 3 类社会组织的登记管
理修订草案中，有诸多条款发生了较大的改动。以《＜民办非企业单位
登记管理暂行条例＞修订草案征求意见稿》为例，"民办非企业单位"
更名为"社会服务机构"，原《民办非企业单位登记管理暂行条例》
中的"企业事业单位、社会团体和其他社会力量以及公民个人"修改
为"自然人、法人或者其他组织"，"利用非国有资产"修改为"主
要利用非国有资产"，"从事非营利性社会服务活动的社会组织"修
改为"为了提供社会服务……设立的非营利性法人"。

利好政策为体育社会组织的蓬勃发展带来了良好的机遇。体育社会
团体、民办非企业单位以及体育类基金会在属性上具有非营利的性质，
从服务区域和服务对象来看，也更多地定位于满足城乡社区居民的体育
健身娱乐需求。从各地出台的文件来看，上海、江苏、广东、河南等省、
自治区、直辖市明确将体育社会组织归为"公益慈善类"社会组织。

公众不断增加的体育需求与政策利好极大地促进了体育社会组织
的壮大。以较早开始实行直接登记的广东省为例，"十二五"期间，
广东省各级体育部门与民政部门联合推动体育社会组织登记制度改革，
体育社会组织的数量呈现井喷式增长的特点。全省法人类体育社会组织
的数量由"十一五"末期的 1374 个增至 2938 个，增幅达 113.8%；县（区）
体育总会数量由 63 个增至 72 个，增长率为 14.3%。1148 个乡镇和 436
个街道都有 1 个以上的体育社会组织；农村（社区）全民健身晨晚练

点近4万个，健身气功练习站440个；国家级青少年体育俱乐部216个，国家级社区体育健身俱乐部14个，全国青少年户外体育活动营地4个。全省每年组织举办各类体育活动与竞赛达5500次以上，其中，90%以上的赛事都由体育社会组织主办或承办。

（3）社会组织扶持政策。

从"依附"到"脱钩"之后，社会组织将会面临更多的来自社会与市场的挑战，财力、人力、物力、沟通协调能力、自身"造血"能力等都亟待提高。社会组织能力的提高离不开政府的扶持，尤其是在我国社会组织刚刚起步的阶段，政府的扶持更是意义重大。从世界范围内来看，即使一些发达国家的社会组织相对成熟，政府仍然把对社会组织的扶持作为一项重要职能。我国的社会发展程度与发达国家不同，社会组织的发展壮大需要时间和过程，需要国家在公共政策上和资源分配上予以倾斜。

因此，党的十八大之后，在加快社会建设、创新社会治理体制的导向下，扶持社会组织发展的政策文件相继颁布，社会组织的发展形势对政府职能转变提出了新的要求。

首先，资金是制约社会组织发展的重要因素。

过去，社会组织与政府部门"两块牌子，一套班子"，社会组织与政府部门同质化，根本不用担心资金的问题，所需资金全部由政府拨款。但自从明确"政社分开"之后，社会组织突然"断粮"，其生存的压力陡增。为了应对这种困境，国家开始大力推广政府向社会组织购买服务的做法，这一做法可以在一定程度上缓解社会组织的资金来源压力。当然，推广政府向社会组织购买服务的做法是有前提的，即社会组织必须是独立的法人实体，与政府是完全分开的。早在 2012 年 7 月 11 日，国务院印发的《国家基本公共服务体系"十二五"规划》中"第十四章 创新供给模式"的第三节提出，鼓励社会力量参与提供基本公共服务。发挥各类社会组织在基本公共服务需求表达、服务供给与监督评价等方面的作用，把适合由社会承担的基本公共服务事项，以购买服务等方式交由社会组织承担。2013 年 9 月 26 日，国务院办公厅发布《国务院办公厅关于政府向社会力量购买服务的指导意见》，国务院对进一步转变政府职能、改善公共服务做出重大部署，明确要求在公共服务领域更多利用社会力量，加大政府购买服务力度。2014 年 11 月，财政部、民政部联合下发《关于支持和规范社会组织承接政府购买服务的通知》，文件指出，随着政府购买服务工作的推进，社会组织承接政府公共服务能力不足的问题日益显现，各地要将提升社会组织的公共服务能力作为开展政府购买服务的基础性工作，支持和引导社会组织健康有序发展，充分发挥社会组织在承接政府购买服务中的主体作用。2015 年 5 月，国务院办公厅转发文化部（现文化和旅游部）、财政部、新闻出版广电总局（现国家新闻出版署和国家广播电视总局）和国家体育总局联合制定的《关于做好政府向社会力量购买公共文化服务工作的意见》，该文件提出了政府向社会力量购买公共文化服务指导性目录，其中，涉及政府向社会力量购买公共体育服务的指导性目录见表 3-6。

表 3-6　政府向社会力量购买公共体育服务的指导性目录

类别	目录
一、公益性文化体育产品的创作与传播	1. 全民健身和公益性运动训练竞赛的宣传与推广
	2. 面向特殊群体的公益性文化体育产品的创作与传播
	3. 其他公益性文化体育产品的创作与传播
二、公益性文化体育活动的组织与承办	4. 公益性体育竞赛活动的组织与承办
	5. 全民健身活动的组织与承办
	6. 公益性体育培训、健身指导、国民体质监测与体育锻炼标准测验达标活动的组织与承办
	7. 公益性青少年体育活动的组织与承办
	8. 面向特殊群体的公益性文化体育活动的组织与承办
	9. 其他公益性文化体育活动的组织与承办
三、中华优秀传统文化与民族民间传统体育的保护、传承与展示	10. 民族民间传统体育项目的保护、传承与展示
	11. 其他优秀传统文化和传统体育的保护、传承与展示
四、公共文化体育设施的运营和管理	12. 公共体育设施、户外营地的运营和管理
	13. 公共体育健身器材的维修维护和监管
	14. 其他公共文化体育设施的运营和管理
五、民办文化体育机构提供的免费或低收费服务	15. 民办体育场馆设施、民办健身机构面向社会提供的免费或低收费服务
	16. 其他民办文化体育机构面向社会提供的免费或低收费服务

资料来源：根据《关于做好政府向社会力量购买公共文化服务工作的意见》整理。

2016 年 6 月 27 日，国务院办公厅发布通知成立政府购买服务改革工作领导小组，该小组由国务院副总理任组长，副组长和成员包括了财政部、中央编办、发展改革委、民政部、人力资源和社会保障部、人民银行、税务总局、工商总局、法制办等机构的主要领导。领导小组的主要职责是统筹协调政府购买服务改革，组织拟订政府购买服务改革重要政策措施，指导各地区、各部门制定改革方案、明确改革目标任务、推进改革工作，研究解决跨部门、跨领域的改革重点难点问题，督促检查重要改革事项落实情况。

国家层面的高度重视和推动为各级地方政府向社会力量购买服务明确了方向，部分地方政府相继发布了本行政区域内向社会力量购买服务的指导性文件，见表3-7。

表3-7　部分地方政府发布的向社会力量购买服务的指导性文件

省市	文件名称	发布时间
安徽省	《安徽省人民政府办公厅关于政府向社会力量购买服务的实施意见》	2013年12月
北京市	《政府向社会力量购买公共文化服务工作的实施意见》	2016年8月
福建省	《福建省人民政府关于推进政府购买服务的实施意见》	2014年7月
贵州省	《省人民政府办公厅关于政府向社会力量购买服务的实施意见》	2014年11月
河北省	《河北省人民政府办公厅关于政府向社会力量购买服务的实施意见》	2014年1月
河南省	《河南省人民政府办公厅关于推进政府向社会力量购买服务工作的实施意见》	2014年12月
湖南省	《湖南省人民政府关于推进政府购买服务工作的实施意见》	2014年6月
江西省	《江西省人民政府办公厅关于政府向社会力量购买服务的实施意见》	2014年8月
陕西省政府	《陕西省人民政府办公厅关于政府向社会力量购买服务的实施意见》	2014年7月

省市	文件名称	发布时间
浙江省政府	《浙江省人民政府办公厅关于政府向社会力量购买服务的实施意见》	2014 年 6 月

资料来源：各级地方政府、民政部门、财政部门官方网站。

从目前来看，虽然政府购买服务的资金还不能完全满足社会组织的发展需要，但却可以使社会组织在市场竞争日益激烈的环境中先生存下来。随着国家对社会组织的扶持力度不断加大，扶持资金也会不断增加，社会组织的政府来源资金将会更加有保障。

另外，就政府选择承接购买服务的主体来说，只有具备一定条件或者达到一定标准的社会组织才可以进入政府购买服务的承接主体目录中。以政府向体育社会组织购买公共体育服务为例，从笔者的调研情况来看，有两种基本的购买形式。一种购买形式是带有扶持性的购买。这种购买面向本行政区内新注册登记的体育社会组织，这些体育社会组织刚成立，并不完全具备承接政府购买公共体育服务的能力。政府通过给予其一定的扶持资金，并要求其完成一定的任务，来达到支持其发展的目的。另外一种购买形式是政府发布项目信息，比如举办比赛、活动、培训等，制定详细的项目实施标准和经费标准，公开选择较优的合作伙伴，政府与体育社会组织合作提供优质的公共体育服务。

其次，人力资源是制约社会组织发展的第二大因素。

人力资源的扶持主要体现在两方面。一方面是管理技能和业务能力的培训。有条件的地方会创建社会组织孵化基地帮助社会组织快速发展，各地民政部门通常也会定期开展一些社会组织管理人员的培训。

但是社会组织数量庞大，民政部门能力有限，所以，针对管理人员的培训，尤其是管理人员业务能力的提高必然离不开业务指导部门的扶持。2016 年 9 月，笔者参加了国家体育总局青少年体育司主办的"2016 年第二期全国青少年体育俱乐部管理人员培训班"，参加培训的人员共有 154 人，分别来自 32 个省、自治区、直辖市及新疆生产建设兵团，其中，体育局行政人员 52 人，青少年体育俱乐部管理人员 102 人。2016 年 11 月，笔者列席参加了上海市体育局青少年训练管理中心针对上海市非星级青少年体育俱乐部的培训，培训专家来自上海市社会组织管理局、上海市委党校、会计师事务所、优秀青少年体育俱乐部等机构。

人力资源扶持的第二个方面是工作人员薪酬的提高。笔者在参加国家体育总局青少年体育司主办的"2016 年第二期全国青少年体育俱乐部管理人员培训班"期间，对全国 36 家青少年体育俱乐部进行调研，其中，25 家青少年体育俱乐部认为"本单位员工的薪酬水平与整个地区的平均工资水平相比"偏低或很低。笔者在各地调研过程中也发现，很多地方的社会组织工作人员的薪酬水平仅仅与当地最低生活保障水平持平或略高。为此，2016 年 6 月 14 日，民政部专门发布《民政部关于加强和改进社会组织薪酬管理的指导意见》，引导社会组织合理确定从业人员薪酬水平，改进薪酬管理，及时足额兑现薪酬，建立健全薪酬水平正常增长机制。

所以，社会组织应该抓住机遇，充分利用政府的扶持政策，提高自身的"造血"能力，尽快做好承接政府购买服务的准备。政府要理解社会组织初创期的困难，加大扶持力度。各地的经济和社会发展水平存在很大差异，一些地方政府在与社会组织合作中积累了卓有成效的经验，有关情况将在"国内政社合作案例分析"中详细介绍。

（4）规范社会组织建设。

创新社会治理体制并没有现成的模板，很多情况对于政府来说是摸着石头过河。政社分开和直接登记对于我国政府和社会组织来说都是突破性的变革。尤其是在一些先行试点地区，改革的步子迈得比较大，不可避免地出现了一些问题，最突出的表现是社会组织发展不规范。

社会组织改革比较早、力度也比较大的地方所出现的问题在其他地方的改革过程中也极有可能存在。国家正是意识到地方政府在改革中出现社会组织发展不规范的问题，开始逐渐加强对社会组织的规范建设。党的十八届三中全会通过的《中共中央关于全面深化改革若干重大问题的决定》提出，限期实现行业协会商会与行政机关真正脱钩，重点培育和优先发展行业协会商会类、科技类、公益慈善类、城乡社区服务类社会组织，这些类型的社会组织成立时直接依法申请登记。这表现出国家鼓励社会组织发展的力度和决心。2016 年 8 月，中共中央办公厅、国务院办公厅印发《关于改革社会组织管理制度促进社会组织健康有序发展的意见》（以下简称《意见》），《意见》提出，稳妥推进直接登记。重点培育、优先发展行业协会商会类、科技类、公益慈善类、城乡社区服务类社会组织。两份文件在关于社会组织管理体制改革方面的措辞发生了很大变化，说明改革实践中确实出现了一些社会组织发展不规范的现象。

针对社会组织出现的各种问题，甚至是违法违规的现象，国家提出要高度重视规范社会组织发展的重要性和紧迫性，要求各级政府处理好"放"和"管"的关系。《意见》对直接登记的社会组织类别进行了具体的规定，成立行业协会商会，按照《行业协会商会与行政机关脱钩总体方案》的精神，直接向民政部门依法申请登记；在自然科学和工程技术领域内从事学术研究和交流活动的科技类社会组织以及提供扶贫、济困、扶老、救孤、恤病、助残、救灾、助医、助学服务的公益慈善类社会组织，直接向民政部门依法申请登记；为满足城乡社区居民生活需求，在社区内活动的城乡社区服务类社会组织，直接向县级民政部门依法申请登记。对直接登记范围以外的其他社会组织，继续实行登记管理机关和业务主管单位双重负责的管理体制。

国家强调促进社会组织健康有序发展不仅体现在登记制度的改革上，还体现在对社会组织严格管理和监督、规范社会组织涉外活动、加强社会组织自身建设、加强党对社会组织工作的领导等方面。以严格管理和监督为例，《意见》中提出如下改革要求：加强对社会组织负责人的管理，落实法定代表人离任审计制度，推行社会组织负责人任职前公示制度、法定代表人述职制度；加强对社会组织资金的监管，建立民政部门牵头，财政、税务、审计、金融、公安等部门参加的资金监管机制；加强对社会组织活动的管理，各级政府及有关部门要按照职能分工加强对社会组织内部治理、业务活动、对外交往的管理；规范管理直接登记的社会组织，落实"谁主管谁负责"的原则，切实加强事中事后监管；加强社会监督，鼓励支持新闻媒体、社会公众对社会组织进行监督；健全社会组织退出机制，针对社会组织违规违法的不同情况，依法采取吊销其登记证书、撤销登记或取缔等处理方式。

社会组织的检查与评估主要由民政部门负责，社会组织以报告的形式定期向民政部门汇报。伴随社会组织规模的壮大，仅靠民政部门并不能对社会组织进行很好的监督。因此，《意见》中也提出鼓励支持新闻媒体、社会公众对社会组织进行监督。广泛的监督一定是建立在完善的信息公开制度基础上的，所以，现行的社会组织年检制度应逐步被年报制度所替代，让社会组织接受来自政府、公众和第三方机构的监督。

3.4　小结

改革开放40多年来，各项改革不断深化，政府、市场、社会的边界正在逐步清晰。特别是党的十八大以来，在政府行政体制改革的推动下，社会组织管理体制不断创新，社会活力不断激发，社会组织正在回归其本质属性，进入发展的黄金时期。

4 政社合作的现实基础：当前制度下政社合作面临的多重困境

总体来说，作为一项政府转变职能和创新社会治理的新举措，我国政府向社会组织购买服务还处于探索阶段。1995 年，上海基督教青年会接受政府委托管理罗山市民会馆，这被认为是国内首例政府与社会组织合作的案例，罗山市民会馆是利用国有资产建立的新型社区服务机构。由于制度不健全，罗山市民会馆的登记注册历经曲折，先后两次以企业身份登记被工商部门否决，一次以社团身份登记被民政部门否决，以至于在长达 5 年的时间内"没有身份"。直到 2000 年，罗山市民会馆的运行成绩被政府和社会各界普遍认可，终于注册为民办非企业单位。①

党的十八届三中全会之前，广东、北京、上海等一些省市已经开始在实践中积极探索政府向社会组织购买服务，但仍欠缺相应的制度支撑。2013 年 9 月，国务院办公厅发布《国务院办公厅关于政府向社会力量购买服务的指导意见》，标志着我国政府向社会组织购买服务开始走向制度化的道路。随后，国务院以及地方政府陆续推出相应的政府购买服务管理办法、政府购买服务品目分类目录、承接政府购买服

---

① 陈统奎，刘劭，赵艳燕. 改革开放 20 多年中国民间慈善组织在艰难中成长 [EB/OL]. (2005-11-16) [2018-10-20]. http://news.sina.com.cn/c/2005-11-16/14118315432.shtml.

务社会组织目录等规章制度。

在政府职能转变和社会组织管理体制改革的大背景下，在公共体育服务领域，政府越来越重视同社会组织的合作。一些省市专门针对政府向社会组织购买公共体育服务制定了相应的管理办法。国家体育总局在《2016 年群众体育工作安排》中明确 32 项主要事项，其中，"需要启动研制的重要文件"有 21 件，直接与体育社会组织相关的有 4 件，分别是《支持体育社会组织开展全民健身公共服务管理办法（试行）（修订）》《关于发挥体育社会组织在全民健身工作中作用的指导意见》《社会力量开展全民健身活动指南》和《体育社会组织服务全民健身试点工作评估报告》。"着力开展的重要活动和重点工作"有 7 项，其中包括培育和扶持基层体育社会组织。尽管现有制度仍待完善，但无论是在实践层面还是在制度建设层面，政府向社会组织购买服务的实践已经驶入了快车道。

4.1 政府向社会力量购买服务的基本制度

4.1.1 购买主体、承接主体与购买内容

政府向社会力量购买服务，就是通过发挥市场机制作用，把政府直接向社会公众提供的一部分公共服务事项，按照一定的方式和程序，交由具备条件的社会力量承担，并由政府根据服务数量和质量向其支付费用。[1] 基于社会组织的本质属性及其功能，政府在某些领域更倾向

---

[1] 国务院办公厅. 国务院办公厅关于政府向社会力量购买服务的指导意见［EB/OL］.（2013-09-26）［2018-11-25］. http://www.gov.cn/xxgk/pub/govpublic/mrlm/201309/t20130930_66438.html.

于向社会组织购买服务。2016 年 8 月，中共中央办公厅、国务院办公厅印发《关于改革社会组织管理制度促进社会组织健康有序发展的意见》提出，结合政府职能转变和行政审批改革，将政府部门不宜行使、适合由市场和社会提供的事务性管理工作及公共服务，通过竞争性方式交由社会组织承担。逐步扩大政府向社会组织购买服务的范围和规模，对民生保障、社会治理、行业管理等公共服务项目，同等条件下优先向社会组织购买。

（1）购买主体。

政府向社会组织购买服务的主体是各级行政机关和参照公务员法管理、具有行政管理职能的事业单位。纳入行政编制管理且经费由财政负担的群团组织，也可根据实际需要，通过购买服务的方式提供公共服务。在公共体育服务中，购买主体主要来自以下几个方面。第一，以各级体育行政部门为主，同时，民政部门以及一些具备行政职能的部门也会作为购买主体。例如，2016 年 1 月，《北京市 2016 年使用市级社会建设专项资金购买社会组织服务项目申报指南》正式发布，北京市社会建设工作领导小组办公室 2016 年使用市级社会建设专项资金向全市社会组织购买 500 个服务项目。第二，体育事业单位。例如，各级社会体育管理中心、青少年体育管理中心等通常也会面向当地体育社团或者服务机构购买体育竞赛、培训等服务。第三，体育总会。从笔者调研情况来看，各级、各地体育总会的性质正在逐步分化。例如，广东省内的一些市级体育总会处于有名无实的尴尬位置，它们与其他社会组织一样进行"五自四无"的改革。相反，北京市体育总会则属于"枢纽型"社会组织，其职能、机构、经费、人员都完备，体育总会的角色表现出较强的管理色彩。

（2）承接主体。

政府向社会组织购买服务的承接主体主要是已经在民政部门登记或经国务院批准免予登记的社会组织。民政部和财政部对承接政府购买服务的社会组织提出诸多条件，如社会组织应具备独立承担民事责任的能力；有开展工作所必需的条件，有固定的办公场所，有必要的专职工作人员；有健全的法人治理结构，完善的内部管理、信息公开和民主监督制度；有完善的财务核算和资产管理制度，有依法缴纳税金、社会保险费的良好记录；近三年内无重大违法记录；法律、行政法规规定的其他条件。

（3）购买内容。

目前，很多地方都制定了政府向社会力量购买公共体育服务的目录，如江苏、北京、厦门等。江苏省本级向社会组织购买的公共体育服务主要有：开展群众体育活动和青少年体育活动；组织运动员、教练员、裁判员和社会体育指导员等培训；国民体质监测与健身指导；体育公益宣传；其他适宜由社会组织承担的公共体育服务事项。

4.1.2　购买方式与购买程序

政府向社会组织购买服务包含诸多环节，需要多个政府部门的协作，涉及的主要政府部门有财政、民政、纪检监察、审计等部门。这些政府部门在购买服务中肩负着相应的职责。财政部门负责研制购买服务目录，管理购买资金，监督并指导整个购买服务工作，对购买服务进行绩效评价。民政部门负责审核社会组织的资质及相关条件，参与购买服务绩效评价，并制定具备承接政府购买服务资质的社会组织目录。纪检监察部门负责对购买服务工作进行监督并参与购买服务绩效评价。审计部门负责对购买资金的使用情况进行审计监督并参与购买服务绩效评价。购买主体负责购买服务的具体组织实施，对社会组织提供的服务进行跟踪监督，在项目完成后组织考核评估和验收。

做好政府向社会组织购买服务并保证社会组织提供的服务质量离不开各部门之间的协作。但在购买公共体育服务的具体实践中，尤其是在市、县级的购买中，购买资金规模较小，在没有达到政府采购的资金标准的情况下，采购主体将会承担更多的监管职能。

（1）购买方式。

目前，我国各级政府向社会组织购买公共体育服务的资金来源包括公共财政资金和体育彩票公益金。利用财政资金向社会组织购买公共体育服务的主要依据有《中华人民共和国预算法》（以下简称《预算法》）、《中华人民共和国政府采购法》（以下简称《政府采购法》）、《中华人民共和国政府采购法实施条例》（以下简称《政府采购法实施条例》）、《政府采购非招标采购方式管理办法》以及《中华人民共和国招标投标法》等法律法规以及规范性文件。属于政府采购范围的需要采用公开招标、邀请招标、竞争性谈判、单一来源采购等方式，如果资金达到一定的限额标准，原则上要采用公开招标的方式。

各级体育行政部门在开展群众体育事业中的另外一个重要资金来源就是体育彩票公益金。从笔者调研的情况看，基层社会组织开展的活动以小型活动为主，体育行政部门更多地利用彩票专项基金来扶持其发展。金额较小的项目往往由体育行政部门通过公开的形式定向委托给相应的社会组织，金额较大的项目会采用《政府采购法》中列明的公开招标、竞争性谈判等购买形式。

政府购买服务的支付方式可以分为全额购买、成本购买以及定额补助等形式。全额购买是由政府支付被委托社会组织实施公益服务项目的各类支出。成本购买是政府仅支付社会组织开展公益服务项目的活动成本，包括人工、耗材、交通、宣传、培训等费用。

因为社会组织处于发展初期，其综合能力有待提高，所以，地方政府为了扶持社会组织的发展，使其具备承接政府购买服务项目的能力，宜采取资助或者奖励的形式对社会组织予以一定扶持。从笔者调研的情况来看，这种资助性、扶持性的购买大量存在，这也体现出特定时期的政府购买服务的特点。一些地方为了进一步规范这种购买形式，制定了相应的资助办法。资助不同于全额购买，其目的是降低社会组织提供服务的成本，扶持社会组织的发展。尽管资助性的小额购买方式并不属于政府采购范围，资金来源也主要是彩票专项基金，但通常也要以合同为依托。

（2）购买程序。

购买程序主要包括以下几个环节。首先，制订购买计划。政府部门需要综合工作部署、预算安排、社会需要、本单位工作实际等因素，编制年度购买服务计划，经同级财政部门审核后，以项目的形式向社会公布。项目发布通常需要明确购买服务项目的范围、标的、数量、质量要求、评价方法以及承接主体的条件、服务期限等内容。也有一些地方为了激发社会组织的活力，采取"公益创投"的形式，给予社会组织一定的灵活性，由社会组织进行项目设计与规划，政府组织第三方机构进行评选。其次，实施购买服务。一是达到公开招标数额标准的项目，应采用公开招标的方式实施。二是达到采购限额标准以上但未达到公开招标数额标准或达到公开招标数额标准、经批准采用非招标采购方式的项目，应按照《政府采购法》和《政府采购非招标采购方式管理办法》等相关规定实施。三是单笔金额较小、未达到采购限额标准的项目，应按照"透明、节约、效能"的原则自行选择其他竞争性方式实施。四是不具备竞争性条件的项目，经财政部门审核并报同级政府批准，可以采取委托、特许经营、战略合作等合同方式实施。最后，合同管理。确定承接购买服务的社会组织后，政府部门应及时与社会组织签订购买服务合同，在合同中明确购买服务的时间、范围、标的、数量、质量要求、资金支付和违约责任等事项，并负责对合同的履行进行跟踪监督，及时验收结算。承接购买服务的社会组织要严格履行合同义务，按时完成服务项目，确保服务数量、质量和效果。

以上内容为购买程序所包含的几个环节，如果政府购买服务的内容属于集中采购范围，相关的流程会更加复杂和严格。

4.1.3　评估与监管

评估是由评估主体对政府向社会组织购买服务的过程、资金绩效、服务绩效进行评价，并基于评价结果进行进一步的决策。监管主要是由监管主体对购买服务的环节以及服务递送实施监督和管理，避免出现不合规的情况，使购买服务的过程和所购买的服务符合其宗旨和目标。评估与监管虽然在本质上有所不同，但在功能上两者相互依托。评估为监管提供依据和信息，监管以评估为基础。在政府向社会组织购买服务的过程中，评估与监管的主体、内容等基本框架具有共同性。

评估与监管的主体有以下几个。主体之一，公民。因为政府购买的服务具有公共性，所以，全体公民都应该具有评估与监督的权利。公民的监督权表现为3种形式：公民通过合理渠道对购买过程与服务质量直接批评、建议或检举揭发；公共服务面向的接受者直接参与项目评估与监管，他们是服务递送的直接接受者，对服务质量有切身体验，是公共服务的最佳"裁判员"；公民代表行使监管权，领域内的专家和学者组成第三方项目评估组，参与政府组织的评估和监管工作。主体之二，政府。政府虽然不具体"生产"公共服务，但仍然是公共服务的提供者。这里说的"政府"是一个复合体，不仅包括体育行政部门，还涉及民政、财政、税务、审计、纪检监察、司法等多个部门，这些部门在各自业务范围内监督与审查购买过程与结果。主体之三，社会组织。社会组织是公共服务的生产者，是独立的法人组织，既是政府与社会监督的对象，也有监督"购买方"的权利。其监督权体现在：监督政府作为购买方是否遵守合同约定、政府购买程序是否符合规范；社会组织依据合同、章程、宗旨进行自我约束，保证服务递送、资金使用等方面的规范性。

根据购买服务所实现的经济性目标和社会性目标来开展评估与监管。首先，经济性评估与监管。依据新公共管理理论，经济性评估与监管主要关注节约成本、提高效率与效能。评价政府向社会组织购买服务是否有利于降低政府输出成本、优化成本与产出的比例以及提高满足公众需求的程度等。经济性评估与监管更强调从购买资金的角度评定绩效。其次，社会性评估与监管。依据新公共服务理论，社会性评估与监管强调评定政府购买服务的过程和结果是否公平地满足了公众需求、公众是否能方便地获取服务（如 15 分钟健身圈）、提供的服务是否充足等。社会性评估与监管通过对公共服务的惠及人群、服务种类、数量和质量、服务对象满意度的监测来实现。

另外，还应该从治理理论的角度对政府购买服务进行评估与监管，即评估政府与社会组织在购买服务过程中的合作情况。治理理论强调主体间的平等、信任、沟通、协作。政府向社会组织购买服务不仅是一种基于合同的经济关系，更是基于合作并超越合同的伙伴关系。因此，对政社合作过程中的平等性、稳定性、持续性、满意度、沟通效果、信任度等方面进行评估是有必要的。社会组织不同于企业，社会组织生产的公共服务也与企业生产的产品有所区别，政府与社会组织之间的价值取向相契合是两者合作的出发点，所以，通过评估并促进合作的良性发展，可以确保购买服务过程与结果的经济性与社会性。

4.2　政府向社会组织购买公共体育服务面临的多重困境

政府向社会组织购买服务通过引入市场化机制配置资源，提高了资源使用效率，更广泛地满足了公众的多元需求，有效地提升了公共服务水平。我国自确立社会主义市场经济体制以来，不断深化政府行政体制改革，以尽快适应市场经济体制。党的十八大之后，政府积极探索社会组织管理体制，意在重构政府与社会组织之间的关系，健全公共服务的市场环境，使更多的社会组织有能力参与到市场竞争中，与政府共同承担起提供公共服务的任务。

但是，公共服务毕竟与私人产品有本质的区别，发达国家在将市场机制引入公共服务领域过程中逐渐发现，竞争在有些情况下并不一定带来服务效率的提升，竞争并不意味着责任，无竞争也不等同于无责任。所以，20 世纪后期，发达国家开始反思市场竞争手段的效用，在购买服务项目的设计、购买和服务递送过程、评估与监管等环节中融入了信任、磋商、协调等合作治理的元素，积极改善政社之间的合作伙伴关系。我国推广政府向社会组织购买公共体育服务较晚，从购买制度来看，购买服务的方式和机制主要强调市场化手段的运用，购买服务的评估与监管也是基于新公共管理理论下的效率优先价值导向。相比于发达国家较为成熟的购买模式，我国构建良好的政社合作关系还面临多重困境，这些困境既与公共体育服务本身所具有的特殊性有关，又与我国转变政府职能、培育社会组织以及规范市场竞争环境等三方面的进程有关。

4.2.1 困境一：购买制度与有限市场之间的冲突

我国政府向社会组织购买服务的主要制度基础是《政府采购法》。2002 年我国颁布《政府采购法》，《政府采购法》所称政府采购是指各级国家机关、事业单位和团体组织，使用财政性资金采购依法制定的集中采购目录以内的或者采购限额标准以上的货物、工程和服务的

行为。而服务是指除货物和工程以外的其他政府采购对象。自 2000 年
至今，我国政府采购品目分类目录共经历过 4 个版本，分别是 2000 年
的《政府采购品目分类表》、2012 年的《政府采购品目分类目录（试用）》、
2013 年的《政府采购品目分类目录》和 2022 年的《政府采购品目分类
目录（2022 年印发）》。经过多次修订，政府采购品目中服务类的范
围逐步扩大，例如，体育服务包括体育组织服务、体育场馆服务、其
他体育服务 3 大类若干小项，相关的娱乐服务包含休闲健身娱乐服务
若干小项，见表 4-1。

表 4-1　《政府采购品目分类目录（2022 年印发）》中体育服务及相关的娱乐服务分类

编码	品目名称	说明
C06040100	体育组织服务	竞技体育组织服务：体育项目组织服务、体育运动训练指导服务、体育运动员服务、体育人员转会服务、其他体育管理服务
		非竞技体育组织服务：风筝、龙舟、国标舞和其他非竞技体育组织服务
		其他体育组织服务：汽车、滑翔、登山、攀岩和其他体育项目组织服务
C06040200	体育场馆服务	室内体育场所服务：室内综合体育场所、室内专项体育场所等提供的服务
		室外体育场所服务：足球场、田径场、滑雪场、自行车场、射击场、赛车场、网球场、棒球及类似运动比赛场、其他室外体育场所提供的服务
		室外天然体育场所提供的服务
		其他体育场馆提供的服务
		体育场馆的管理和维护服务

编码	品目名称	说明
C06049900	其他体育服务	体育经纪服务：体育赛事经纪服务、体育组织经纪服务、其他体育经纪服务
		兴奋剂管理服务
		体育器材装备服务
		社区、街心公园、公园等运动场所的管理
		专门从事体育心理、保健、营养、器材、训练指导等服务
		其他体育服务
C06050300	休闲健身娱乐服务	指主要面向社会开放的休闲健身娱乐场所和综合体育娱乐场所提供的服务，包括：综合体育娱乐场所提供的服务；健身馆服务（器械健身、健身操、健身舞蹈、瑜伽功以及类似健身及其他健身服务）；棋牌馆提供的服务；保龄球馆提供的服务；台球室、飞镖室提供的服务；高尔夫球场提供的服务；射击、射箭场馆提供的服务；滑沙、滑雪及模拟滑雪场所提供的服务；惊险娱乐活动场所提供的服务；娱乐性军事训练、体能训练场所提供的服务；其他休闲健身娱乐的服务；休闲健身娱乐场所的管理和维护服务

从表4-1可以看出，政府采购的内容涵盖了大部分的公共体育服务。此外，社会服务、医疗卫生服务、文化娱乐服务等具有公共性特征的服务也纳入到政府采购的范围，这意味着在政府向社会组织购买公共体育服务的过程中，要遵守《政府采购法》的规定。但是，相比于货物和工程来说，公共体育服务仍然只占较小的比例。而公共体育服务与货物和工程显然在本质上是不同的，所以，如果我们将公共体育服务购买制度置于"基于货物和工程类的购买制度"之下，势必会引发一系列冲突。

综合来看，现行的政府采购制度并不能完全适用于政府向社会组织购买公共体育服务，一些购买制度与购买实践还存在冲突的地方。公共体育服务既有与其他公共产品相同的公共性，同时又具有自身的专业性和特殊性，再加上社会组织整体竞争能力不足，如果严格遵循《政府采购法》要求的公平竞争原则，政府很有可能无法找到合适的承接主体。这种"不充分竞争的有限市场"特征是目前很多地方在实际购买中大量采用单一来源采购形式的主要原因。

4.2.2 困境二：公共利益的确认（体育需求的体现）

新公共服务理论认为，实现公共利益是政府职责的重要表现。现代社会公共利益越来越分散化，确认公共利益的难度也越来越大。我国自"单位制"福利体制逐渐瓦解之后，政府在供给公共服务方面的投入逐级增加，但仍然无法有效满足公众的需求。这种情况出现的原因是资源短缺、资源配置效率低与公共需求多样化之间存在着矛盾。我国城镇化的进程不断加快，社区化、人群化将成为公共服务供给的趋势。公共体育服务面临同样的转型，逐渐表现出以老年人、青少年、残疾人、外来打工人员等不同群体为服务对象，服务区域集中在街道、社区的特征。在新形势下，公共服务需求的多元化特征将会愈发突出，政府面临的压力也会更大。某些社会组织虽然属于互益性组织，但并不能代表全体公众的利益，不同社区、不同人群的多种社会组织组合在一起，可以弥补政府在满足公共利益多样化方面的不足。社会组织与政府都服务于"公益"目标，甚至在某些领域，社会组织在政府购买服务之前就已经发挥作用了。基于以上分析，政府在充分挖掘公共利益时，绝对不可以忽视社会组织的多样代表性。

因此，我们有必要进一步确认：政府向社会组织购买的公共体育服务项目是否充分考虑了公共利益？是否充分考虑了社会组织对于公众多元化体育需求的代表性？社会组织能否有效代表一定的公共体育利益？

关于问题一，政府向社会组织购买的公共体育服务项目是否充分考虑了公共利益？《政府采购法》中涉及的法律关系主体主要是政府与供应商，而购买公共服务这一过程涉及政府部门（服务购买方）、社会组织（服务生产方）和公众（服务接受方），所以，《政府采购法》在制度设计上并没有充分考虑公众作为服务接受方的权利和义务。

关于问题二，是否充分考虑了社会组织对于公众多元化体育需求的代表性？有些地方仅依靠体育行政部门的几个职员或者几个协会，一年要组织几十场体育活动，所有人忙得团团转，还不能保证体育活动取得相应的效果。所以，政府在公共体育服务供给中要转变思维，以开放的心态接纳社会组织的多样性发展趋势，只有社会组织繁荣起来，才可以更好地成为政府的左膀右臂。

关于问题三，社会组织能否有效代表一定的公共体育利益？如果一个社会组织仍然完全依附于政府机构，就会变成政府的附属品，模糊其社会组织的宗旨；过度强调服务收费则会偏离其非营利的公益性质。在各种不利因素下，社会组织极有可能偏离公共体育利益的轨道。因此，政府要处理好"放管服"三者之间的关系，高效且优质地完成政府购买项目。

4.2.3　困境三：公共体育服务绩效管理

公共服务不同于一般的货物产品，它在具有"公共性"的同时，也具有服务的一般特性：不是实物，而是一种无形的绩效行为；不像有形产品一样贮存并使用，而是具有易消失性；服务的生产与消费同步，不可分割；服务的质量受到多种因素的影响，具有不稳定性。因此，要做到科学地管理公共服务项目绩效是非常复杂和困难的工作。提供公共体育服务，满足公众的体育需求，通常要依托"活动"这一形式，人们通过"活动"锻炼达到娱悦身心，提高幸福感的目的。这种基于"心理体验"的服务将会给公共体育服务绩效管理带来更大的挑战。

政府向社会组织购买公共体育服务中的绩效管理是非常复杂的重要环节。虽然中央和地方政府陆续提出重视动态管理，弱化事前审批、强化事中和事后监管等意见，但在实际操作中缺乏统一规范的制度要求。《政府采购法》中关于购买服务的监督也主要是针对财政资金的使用情况，负责部门是各级财政机构。民政部门往往只监督社会组织内部建设的规范性。体育行政部门作为服务购买方，通常是在项目发布时列出项目的内容和标准，这里的标准仅仅是项目实施过程中所需的资金成本情况，而对于服务本身要实现的绩效目标、绩效评估方法、评估主体、评估指标等并没有形成科学的体系。绩效管理并不等于简单的绩效考核或者检查评估，而是包含绩效目标、绩效辅助沟通、绩效导向、绩效指标等若干元素的科学体系。尽管有些地方正在尝试委托第三方进行绩效评估，但实施效果并不尽如人意，主要存在服务绩效评估重结果轻过程，评估指标过于全面以至于绩效评估导向性不足，评估指标过于量化，评估过程公众参与不足，欠缺评估沟通与辅导等问题。现有的绩效管理更多地强调"检查与考核"，忽略了"沟通与激励"。特别是在现阶段的购买实践中，存在大量的"资助性、奖励性"等带有扶持性质的购买形式，其绩效管理方式也应该有所区别。

综合以上分析，现有的绩效管理方式并不能很好地适用于政府向社会组织购买公共体育服务这一活动。其绩效管理方式应该从单纯注重"资金效率"向多维价值方向转变。

4.2.4 困境四：购买服务会不会弱化政社双方的价值标准？

借助政府购买公共体育服务的支付资金，很多社会组织得以生存，并逐步提高自身能力，扩大规模。某些体育社团、体育类社会服务机构借助政府的"资助性"购买资金起步，可以在3~5年内发展到资产几百万元甚至上千万元。从国外的情况来看，政府购买资金同样在社会组织收入中占重要比例。虽然政府购买资金是社会组织生存与发展的重要资金来源，但社会组织存在的目的并不是承接政府购买服务，社会组织有自身需要秉持的宗旨和价值理念，例如，促进某项运动的普及与提高，为青少年提供专业化的体育技能教育等。如果社会组织对政府购买资金过度依赖，将有可能把获取政府购买资金作为社会组织的目标，违背社会组织的初衷，弱化其价值追求。同样，政府要完成购买服务，有时候也不得不依赖少数几个发展较好的社会组织，在竞争缺失的环境下，政府有可能无法实现其维护公共利益的目标。

政府购买公共体育服务是转变政府职能和创新公共服务供给方式的重要表现，但任何时候都应该铭记，政府购买行为并不是目的，通过购买行为提供优质服务，满足公众需求，实现公共利益才是最终目的。

4.3　小结

我国在推广政府购买公共体育服务的过程中，既要面临西方国家普遍存在的一般性问题，又要面临我国的社会背景与阶段特点引发的特殊性问题。

购买服务不仅是一种政策工具，更是一项"政治任务"[①]。为了缓解公众需求与服务供给不足之间的矛盾，引入社会力量，有助于充分发挥社会组织的公益性功能。政府和社会组织在公共服务供给中具有各自的优势与劣势，购买服务的意义在于最大限度地发挥政社双方的优势，同时克服政社双方的缺陷和劣势。我国政府购买公共体育服务总体上还未走上规范化的发展道路，在制度建设上对于公共服务与一般产品的区别重视不足，对于政府与社会组织在实现公共利益中的功能与缺陷也没有深刻认识，对购买服务过程缺少有效的评估和监管。

政府向社会组织购买公共体育服务并不是简单地签合同，重点是对合同从头到尾整个过程的管理。在这个过程中，政府和社会组织是一种积极有效的合作关系，共同致力于为公众提供优质的公共体育服务，政社双方是伙伴关系。既然是合作，就必然需要政社双方的沟通、协调，仅仅依靠刚性的制度性文件无法保证合作效果。

对于如何构建有效的合作关系，我们既要借鉴国外的先进经验并吸

---

① 周俊. 政府购买公共服务的风险及其防范［J］. 中国行政管理，2010（6）：13-18.

取其教训，还要参考国内政府职能转变与社会组织发展的特点。国家在推动社会组织建设中提出"放管服"的要求，目的就是通过"放管服"使社会组织具备合作的能力。因此，相关的研究也应该顺应趋势，理顺"放管服"之间的关系，并形成政府与社会组织之间的良性合作机制。

5　政社合作的技术系统基础：促进合作的行动机制

政府向社会组织购买公共体育服务不仅仅是一种经济行为，更是一种政治行为、社会行为。公共体育服务不同于一般商品，在有些情况下，合同并不能完全涵盖政社双方的权利与责任，购买公共体育服务的绩效也不等同于财政资金的绩效。更重要的是，正如新公共管理理论批评者指出的，公众并不是顾客，而是公民，购买服务即便达到了合同中的量化指标要求，公共体育的需求和利益也不一定能够得到充分的满足和实现。所以，我们更应该从超越合同的角度来看待政府向社会组织购买公共体育服务这一活动。另外，我国政府职能转变与社会组织发展都还不够充分，这会使政社双方的合作面临更多的挑战。

5.1　法治保障机制

在社会生活中，各种关系的规范离不开法治。当前，我国在政府购买公共服务领域基本建立了相应的法律法规体系，包括各种法律、行政法规、规章以及大量的规范性文件。但是，在具体实践中，如何秉持法律法规的精神，有效区分并正确使用这些法律法规仍然存在一些问题。特别是在政府与社会组织签订合同以及履行合同约定的过程中，存在一些损害政社双方利益的现象。这种现象的存在与政府和社会组织对相关法律法规认识不足有直接关系。在政府向社会组织购买公共体育服务的具体实践中，市场竞争并不充分，大量项目的购买资金处于政府采购限额标准以下，政府部门在选择供应商和履行合同过程中可自由发挥的空间比较大。

虽然在购买实践中存在很多非制度化的现实需求，但这并不代表购买实践不需要法制，相反，只有法制才可以保障和约定政社双方的权利和责任，政社双方遇到冲突甚至纠纷时，有法可依。如果能够通过法制规范政社双方的行为，那么，政社双方的合作关系也必然是牢固的。

5.1.1 法律法规体系

按法系来分，我国属于大陆法系，即强调成文的法典以及以法官为中心的诉讼程序。截至目前，我国基本建立起与政府购买服务相关的法律法规体系。涉及政府购买服务的法律法规文件众多，按照法律的效力等级可以分为法律、行政法规、国务院部门规章、地方政府规章等。

法律：《中华人民共和国立法法》《中华人民共和国政府采购法》《中华人民共和国预算法》《中华人民共和国招标投标法》《中华人民共和国行政处罚法》和《中华人民共和国行政诉讼法》等。

行政法规：《中华人民共和国政府采购法实施条例》《中华人民共和国招标投标法实施条例》《社会团体登记管理条例》《民办非企业单位登记管理暂行条例》《基金会管理条例》《全民健身条例》及《彩票管理条例》等。

国务院部门规章：《社会组织评估管理办法》《体育竞赛裁判员管理办法》及《经营高危险性体育项目许可管理办法（2016 修改）》等。

地方政府规章：《宁波市招标投标管理办法》《江苏省体育设施向

社会开放管理办法》《广东省大型群众性活动安全管理办法（2019 修订）》《珠海市政府合同管理办法》及《长春市全民健身条例实施细则》等。

除了上述法律范畴的文件之外，还有大量的各级政府行政部门制定的规范性文件，这些文件虽然并非立法性文件，但同样具有一定的约束力，如江苏省财政厅与江苏省体育局印发的《江苏省本级向社会组织购买公共体育服务暂行办法》。法律具有概括性和高度的抽象性，而各种法规、规章以及规范性文件通常是对法律的进一步细化。可以预见，随着社会生活日趋复杂，新的公共事务不断涌现，用于规范公共事务中出现的社会关系的行政法规将会不断增加、修改和废除。

5.1.2 明确"购买合同"缔约前、后的性质差异

（1）缔约前。

《政府采购法》第四十三条规定："政府采购合同适用合同法[①]。采购人和供应商之间的权利和义务，应当按照平等、自愿的原则以合同方式约定。"虽然政府采购合同适用合同法，但不能完全等同于一般的民事合同，而是一种特殊的民事合同。第九届全国人民代表大会财政经济委员会副主任委员姚振炎 2001 年 10 月在《关于＜中华人民共和国政府采购法（草案）＞的说明》中也提出，政府采购资金属于财政性资金，采购是为了公共事务，政府采购还具有维护公共利益、加强财政支出管理、抑制腐败等功能，因此，政府采购合同又不完全等同于一般的民事合同，需要在明确适用合同法的前提下，对政府采购

[①] 2020 年 5 月 28 日，第十三届全国人民代表大会第三次会议表决通过了《中华人民共和国民法典》，自 2021 年 1 月 1 日起施行。《中华人民共和国合同法》同时废止。

合同的有关特殊问题做出规定。

因此，在合同正式缔结之前，制定采购文件、采购过程以及发布中标、成交结果等阶段都要遵守行政法律法规的相关要求。通过行政手段对政府部门选择供应商进行有效的监管，以维护公共利益。一旦在缔约过程中政府部门存在有失公开、公平的违规现象，将会受到行政处罚。同时，中标供应商的竞争对手也可以提出行政复议以及诉讼。

（2）缔约后。

2020年1月1日起施行的《最高人民法院关于审理行政协议案件若干问题的规定》（以下简称《行政协议司法解释》）中，对于行政协议定义如下：行政机关为了实现行政管理或者公共服务目标，与公民、法人或者其他组织协商订立的具有行政法上权利义务内容的协议，属于行政诉讼法第十二条第一款第十一项规定的行政协议。依上述定义界定，政府部门为了实现公共体育服务职能，与社会组织签订购买服务合同，该合同应当属于行政协议范畴。同时，《行政协议司法解释》第二十七条规定：人民法院审理行政协议案件，应当适用行政诉讼法的规定；行政诉讼法没有规定的，参照适用民事诉讼法的规定。人民法院审理行政协议案件，可以参照适用民事法律规范关于民事合同的相关规定。

综合上述法条表述，政府购买公共体育服务合同是一种兼具行政性与合同性双重属性的合同类型。合同订立后，当合同双方发生纠纷进行诉讼时，是可以参照适用民事法律规范进行审理的。2021年《中华人民共和国民法典》正式生效，这部法典对于行政协议案件的审理意义重大，其中关于法人、民事法律行为以及合同中的通则部分，均可以准用于政府购买公共体育服务合同。

尽管政府购买公共服务是为了更好地满足公共需求，实现公共利益，但社会组织作为社团法人，它们的组织利益同样不能忽视。只有社会组织的利益得到法律保障，才可以更好地发挥其公益服务功能。

综合以上分析，政府购买公共服务在缔约前与缔约后具有不同的性质，所适用的法律法规的性质也不相同。德国行政法学者汉斯·彼得·伊普森（Hans Peter Ipsen）提出的双阶理论对政府采购中的差异进行了诠释。在其 1956 年出版的《对私人的公共补贴》一书中，他将补贴明确区分为两个阶段：第一阶段是决定阶段，即国家是否向私人提供补贴的阶段，适用公法；第二阶段是履行阶段，即国家如何向私人提供补贴的阶段，适用私法。[①]

5.1.3 政府向社会组织购买公共体育服务中的自由裁量权

在实践中，政府向社会组织购买的绝大多数公共体育服务项目并不在政府集中采购目录范围内，而且购买资金也达不到政府采购限额标准。而群众体育中很多服务项目具有"小型多样"的特点，购买或者资助的金额大多数都在限额标准以下。在实务操作中，体育行政部门通常自行组织采购，具有一定的自由裁量权。所以，如何规范并使用好购买公共体育服务中的自由裁量权至关重要。目前，大部分地方并没有专门制定限额标准以下的购买公共体育服务的管理办法。2016 年5 月，笔者在参加全国群众体育管理人员培训时，一些地方体育局群众体育工作负责人也纷纷表示，不清楚如何对限额标准以下的项目进行

---

① 严益州. 德国行政法上的双阶理论 [J]. 环球法律评论，2015，37（1）：88-106.

购买，担心因为不合规范而受到处罚。

借鉴前述关于双阶理论的分析，在小型公共体育服务项目购买中同样需要明确并规范缔约前与缔约后政社双方的权利与义务，否则就有可能出现监管的漏洞。缔约前，体育行政部门要会同有关专家针对购买主体、承接主体的条件、购买资金、购买内容、购买程序、实施标准、资金支付等诸多环节进行科学详细的设计。设计过程既要充分考虑当前社会组织发展不成熟的现状，又要考虑通过购买促进社会组织的自身建设，遵循公益、平等、竞争、激励等原则。特别是关于公共体育服务绩效的评估管理办法，体育行政部门一定要结合不同公共体育服务的服务内容加强与社会组织的磋商，制定详尽并具有可操作性的评估标准和评估程序。一旦合同签订便属于民事合同范畴，体育行政部门不得通过行政手段干预合同的履行。因此，对于体育行政部门来说，合同起草环节尤其重要。

各级体育行政部门作为公权力部门，必须认识到"法无授权不可为"，而作为社会组织来说则是"法无禁止则自由"。

5.2　现代财政保障机制

5.2.1　现代财政制度的本质

2013 年，党的十八届三中全会通过的《中共中央关于全面深化改革若干重大问题的决定》提出，"财政是国家治理的基础和重要支柱，科学的财税体制是优化资源配置、维护市场统一、促进社会公平、实现国家长治久安的制度保障。必须完善立法、明确事权、改革税制、稳定税负、透明预算、提高效率，建立现代财政制度，发挥中央和地方两个积极性。"这段话对我国财政制度的地位、功能、要求以及目标进行了提纲挈领的说明。我国财政制度经历了从中华人民共和国成立前的公共财政观，到计划经济时期的国家财政观，再到社会主义市场经济下的公共财政观[①]，一直到党的十八届三中全会提出的现代财政制度的变化，这也体现出我国对于财政本质的认识不断深入。

（1）民主性。

现代财政制度中的民主性直接体现在预算制度上。财政预算是否公开、透明是评价预算制度先进与否，财政制度是否现代化的重要标尺。"预算制度是实现民主的重要途径，这一方面是因为政府预算一直是从自由经济走向平等政治的演进通道，另一方面是因为政府预算的基本特征就是所有成员平等拥有决定公共政策权利的评判标准；故预算制度对实践我国特色的社会主义民主政治帮助也很大。"[②] 相对而言，我国的预算制度的发展落后于财政制度的发展，特别是民主决策权、民主监督权尚没有明确的法制保障措施。以 2018 年修正的《预算法》为例，在"第二章　预算管理职权"以及"第五章　预算审查和批准"中，各级人民代表大会（以下简称"人大"）通常只有对本级政府预算的审查权、批准权、撤销权，但预算编制、调整、执行以及国库经营等权力都由政府具体操作。所以，相对于政府来说，各级人大对于财政预算、决算的执行与监督力量比较薄弱。

另外，《预算法》中对于预算、决算的公众参与权、知情权、监督

---

① 张馨. 我国"财政本质"观演变述评［J］.经济学家，1999（4）：91-97.

② 王庆. 论现代财政与公共财政——兼述我国现代财政制度的构建［J］.当代财经，2014（10）：25-35.

权也没有明确的规定，仅仅提到"公民、法人或者其他组织发现有违反本法的行为，可以依法向有关国家机关进行检举、控告"。如果在设计预算的过程中欠缺与公众的沟通、协商，没有积极征求公众的意见，那么就无法保障通过财政提供的服务能够充分满足公众期望。当纳税人能够公开透明地了解政府预算，并可以行使决定权和监督权时，才会对政府权力构成有效的监督和约束。虽然民主的程序会导致预算批复速率降低，但可以避免因财政资金支出不规范而带来的灾难性后果。我国社会组织和公民的权利意识逐步加强，为促使社会主体预算参与权成为一种制度性的存在，《预算法》应适应预算民主、协商参与的发展趋势，在地方层级更加注重公民的预算参与权，在中央层级充分满足公民的预算知情权等。①

社会组织因自治性、志愿性属性而具有民主的特征，它为公众提供了参与的平台。从当前来看，一些常规性的群众体育活动、培训等通常会列入政府向社会组织购买公共体育服务的预算中，大部分预算工作由当地体育局群众体育职能部门、体育总会以及社会体育中心来具体负责。财政预算调节和引导着公共体育资源的配置，在体育场地设施、人力资源、资金等相对不足的情况下，更需要民主协商，使资源配置效益达到最佳。一些地方在资源配置决策方面也在积极探索，比如上海、深圳、苏州、宁波等城市已开展或计划开展公益创投项目，社会组织在一定的范围内自主立项，向政府部门申请资金配套支持。

---

① 朱大旗. 迈向公共财政:《预算法修正案（二次审议稿）》之评议 [J]. 中国法学，2013（5）：34—41.

（2）公共性。

公共性是现代财政的重要特征，但保障公共性往往面临巨大的挑战。笔者认为需要从 3 个不同角度来认识公共性。

公共产品角度。公共产品具有非竞争性与非排他性，这使得难以避免"搭便车"现象。公共产品具有较强的正外部性，如果由私人部门提供公共产品，那么，其获得的收益将会受到影响，进而导致公共产品在很大程度上供给不足。因此，政府更应该利用财政提供非竞争性和非排他性较强的公共服务。

公平角度。平等权是每一个公民享有的基本权利。在我国公共体育服务均等化进程中，还普遍存在地区差异、城乡差异、人群差异，即便是一个城市街道的若干社区中也可能会存在差异。财政保障旨在缩小并消除这种差异。尽管现阶段公平不等于标准统一，但至少应该是机会均等。

个人利益与公共利益的辩证角度。谈及公共性，我们必须明确个人利益与公共利益的关系。公共利益并不是个人利益的集合，公共利益也不是个人利益的简单相加。从个人利益的角度来说，现代社会中的个人需求日趋多样化，公共利益也呈现出碎片化的趋势。从整体角度来说，在某些情况下，公共利益又表现为国家、社会整体发展的需要。如果把公共利益仅视作个人利益的集合，将会导致公共危机的发生。西方国家在公共服务市场化过程中，由于过于注重把满足个人需求作为目标，导致政府公共责任的缺失，引发诸多公共危机事件的发生，我们要引以为戒。

因此，在政府向社会组织购买公共体育服务的过程中，保障公共性需要从以上 3 个角度进行统筹设计与安排，既要考虑公共体育服务本身的市场开发潜力，又要平等公平地提供服务，同时还要兼顾整体发展需要。这对政府与社会组织、公众进行沟通协调的能力提出了非常高的要求。

（3）服务性。

财政资金取之于民，用之于民，服务于国家和人民的需要。就现阶段构建公共体育服务体系来说，首先，财政主要是为了满足公共体育需求服务，财政资金预算应该紧紧围绕公共体育需求进行编制。其次，在具体操作中，财权要服务于事权。在实践中，财政部门具有较多的财权，事权则主要集中在体育行政部门，财权与事权存在一定的不对等。最后，现阶段财政资金要逐步加大对社会组织建设的扶持力度。通过竞争性合同、定向委托、奖励等多种形式帮助社会组织快速、健康地成长，使之能够独立肩负起维护公共利益的社会责任。

（4）经济性。

经济性是指尽可能地提高财政资金的使用效益，做到"少花钱、多办事、办好事"。一方面，政府部门在行政支出上尽可能地节约成本，合法、合理地安排资金支出；另一方面，在政府购买公共体育服务的项目设计、合同管理、服务递送等相应环节中，保证资金使用的公开透明，实施有效监管，避免浪费，确保为公众做好每一笔交易。

5.2.2 财政保障范围与财政支出结构

（1）财政保障范围。

2015 年 5 月 11 日，文化部（现为文化和旅游部）、财政部、新闻出版广电总局（现为国家新闻出版署和国家广播电视总局）和国家体育总局联合制定《关于做好政府向社会力量购买公共文化服务工作的意见》，其中提出，政府向社会力量购买公共文化服务的内容主要包括：公益性文化体育产品的创作与传播，公益性文化体育活动的组织与承办，中华优秀传统文化与民族民间传统体育的保护、传承与展示，公共文化体育设施的运营和管理，民办文化体育机构提供的免费或低收费服务等。

尽管高层部门对政府购买服务的范围提出了指导意见，但对于政府部门来说，购买服务的范围并不是一成不变的。随着运动项目的普及，公众体育消费理念更新，全民健身意识不断提高，公众的体育需求逐步得到满足，公众也必然会对政府提出新的要求。例如，北京冬奥会的成功举办在全国范围内带动冰雪项目的普及，公众对于冰雪项目的热情也会大大提升。因此，对于政府来说，如何引导并挖掘公众的体育需求至关重要。明确公众的公共体育需求，是保障财政资金购买公共体育服务效益的先决条件。

（2）财政支出结构。

财政支出结构在一定程度上反映出资源配置的倾向性。以体育彩票公益金为例，在群众体育领域的支出包括如下内容：援建公共体育场地、设施和捐赠体育健身器材，资助群众体育组织和队伍建设，资助或组织开展全民健身活动，组织开展全民健身科学研究与宣传。表5-1为我国1994—2013年发行体育彩票所获体育彩票公益金在全民健身领域的使用范围。

表 5-1　1994—2013 年体育彩票公益金在全民健身领域的使用范围

各级地方体育行政部门	国家体育总局
1. 资助建设全民健身活动中心	1. 援建公共体育场地、设施和捐赠体育健身器材
2. 建设体育健身工程	2. 资助群众体育组织和队伍建设、社会体育指导员队伍建设
3. 资助青少年体育俱乐部	3. 资助或开展全民健身活动和举办群众性综合性运动会
4. 补助大型群众体育俱乐部	4. 组织开展健身科学研究与宣传
5. 支持各类群众健身活动	5. 支边扶贫
6. 添置群众体育设施器材	6. 返还各省、自治区、直辖市用于全民健身活动
7. 进行国民体质监测及群体科研	—
8. 支边扶贫	—
9. 建设及维修群众体育场地	—

资料来源：据《中国体育彩票公益金使用情况研究报告（1994—2013）》整理。

从 2015 年国家体育总局本级体育彩票公益金在群众体育领域支出的具体情况看，主要集中在援建全民健身场地设施和捐赠体育健身器材方面，其他方面的支出比例相对较低（表 5-2）。

表 5-2　2015 年国家体育总局本级体育彩票公益金在群众体育领域的使用情况

单位：万元

用途	群众体育用途	资金数量
援建全民健身场地设施和捐赠体育健身器材	实施农民体育健身工程	102 745.0
	实施"雪炭工程"	20 120.0
	建设社区多功能运动场	10 000.0
	实施全民健身路径工程	5110.0
	向残疾人、解放军、老年人捐赠器材	1200.0
	全国体育设施条件改善	74 595.0
	资助青少年体育场地设施建设	820.0

续表

用途	群众体育用途	资金数量
资助群众体育组织和队伍建设	实施社会体育指导员制度、全民健身志愿公共服务试点、健身气功站点建设、援疆援藏体育人才培训工作	3011.6
	资助青少年体育俱乐部建设	3892.0
	资助体育传统项目学校	1705.0
资助或组织开展全民健身活动	资助或组织开展全民健身活动	5850.0
	开展青少年足球活动	5600.0
	全国青少年阳光体育活动	3248.0
开展全民健身科学研究与宣传	普法、国民体质监测、科学健身指导等	2035.0
	青少年体育健身活动和体质状况抽测、数据统计、宣传等基础性工作	778.0
	全民健身科技保障	890.0
	全民健身宣传工作	402.8

资料来源：据《国家体育总局2015年度本级体育彩票公益金使用情况公告》整理。

2015年，政府向社会组织购买公共体育服务在资助群众体育组织和队伍建设以及资助或组织开展全民健身活动两个方面的支出在国家体育总局本级体育彩票公益金面向群众体育领域总支出中大约分别只占到3.6%和6.1%，而援建全民健身场地设施和捐赠体育健身器材方面支出占比约为88.7%。

对资助群众体育组织和队伍建设方面的支出进一步分析可以发现，资助青少年体育俱乐部建设的支出约占资助群众体育组织和队伍建设的总支出的45%，实施社会体育指导员制度、全民健身志愿公共服务试点、健身气功站点建设、援疆援藏体育人才培训工作的支出占比约为35%，资助体育传统项目学校的支出占比约为20%。在资助或组织开展全民健身活动方面，资助或组织开展全民健身活动的支出约占资助或组织开展全民健身活动总支出的 40%，全国青少年阳光体育活动的支出占比约为 22%，开展青少年足球活动的支出占比约为 38%。①

通过前面的数据分析可以看出，国家体育总局以及地方各级体育彩票公益金的使用范围主要集中在援建全民健身场地设施和捐赠体育健身器材方面。一方面说明我国全民健身场地设施资源仍然匮乏，另一方面说明我国体育社会组织的发展不够成熟，政府职能尚未完全转变，从而造成政府对体育社团以及体育类社会服务机构的资助扶持不足。

公共体育服务的供给方式已经发生改变，所以，从财政支出结构角度来讲，政府的支出结构也应该有所调整，在继续改善全民健身场地设施条件的前提下，应该加大资源配置向社会组织倾斜的力度。国内一些经济发达地区已经开始积极探索。

5.2.3　财政支付方式

（1）预算制度。

首先，严格执行《全民健身条例》。财政经费预算制度旨在规范政府的收支行为，通过预算的约束效力，保障资金真正投入全民健身事业中。《全民健身条例》第二十六条规定："县级以上人民政府应当将全民健身工作所需经费列入本级财政预算，并随着国民经济的发展逐步增加对全民健身的投入。"尽管国务院对各级政府全民健身事业经费预算提出规定，但在具体落实上仍然存在违反法规的情况。特别是在县这一级，由于种种原因，全民健身工作所需经费纳入预算力度普遍不够。而且一些地方由于财政经费不足，往往用体育彩票公益金来代替财政预算投入。

---

① 以上数据根据《国家体育总局 2015 年度本级体育彩票公益金使用情况公告》整理。

其次，加大政府购买服务预算。在公共体育服务供给中，适宜由社会组织承担的公共体育服务应该通过购买服务的形式交由社会组织来具体提供。政府如果不肯撒手，这无疑不利于政府职能转变和公共体育服务市场化、社会化。以北京市体育局 2016 年项目预算为例，北京市的政府购买服务形式占比显然不高，而实际上很多服务项目都是可以通过竞争性谈判的形式向社会力量公开购买的（表 5-3）。

表 5-3　北京市体育局 2016 年项目支出预算表（部分）

单位：万元

单位名称	科目	项目名称	预算数	政府购买服务支出
北京市体育局本级事业	群众体育	（青少处）青少年三大球技能培训	358.135	0
		扶持民族民俗体育项目	135.000	0
		体育公益事业专项经费	165.000	0
	用于体育事业的彩票公益金支出	全民健身工作评估体系设计及调研经费	37.848	37.848
		购买优秀健身团队社会体育指导员体质测试服务经费	41.380	41.380
		北京市体育生活化社区工作经费	174.197	20.189
		2016—2017 北京市青少年冰球联赛	269.920	0
		北京市体育场馆基本公共服务规范及评估	25.000	0
		北京市体育场馆管理信息平台维护	15.000	0
北京市体育局本级事业	用于体育事业的彩票公益金支出	社会办项目训练、比赛专项经费（年初批复）	420.000	0
		冰雪项目推广、科学健身指导社区行活动经费	108.864	108.864
		全民健身宣传经费	30.000	30.000
		农民篮球联赛经费	49.880	49.880
		青少年体育俱乐部评估奖励经费	94.000	0
		青少年体育俱乐部资助经费	32.000	0
		北京市中小学生校际冰球联赛	92.050	0
		北京市群众体育年度报告经费	5.000	5.000
		青少年冰球品牌赛事专题宣传经费	30.000	0
		北京市青少年滑雪比赛	100.000	0

续表

单位名称	科目	项目名称	预算数	政府购买服务支出
北京市社会体育管理中心	群众体育		188.500	0
	用于体育事业的彩票公益金支出		1423.770	0

资料来源：据《北京市体育局 2016 年部门预算情况的说明》整理，数据有舍入。

再次，提高预算编制能力。科学的预算是国库支付的先决条件。但是有些体育行政部门在编制预算时并没有充分考虑具体实践中公共体育服务的复杂情况，缺乏科学的测算依据，这必然会导致购买公共体育服务预算资金执行过程的不畅通。此外，预算编制方法过于粗放，预算编制内容不能详细确切地涵盖公共体育服务项目的各个细节，直接导致预算资金执行困难。所以，政府部门亟须提高预算编制能力。

最后，预算的公开与监督。审计部门与财政部门是同级单位，但仅仅依靠审计部门并不能完全保障预算资金的规范使用；向社会充分公开预算执行过程，接受社会的监督，是保障预算规范执行的有效途径。2015 年 6 月 25 日，审计署办公厅公布了彩票资金审计结果。此次审计共抽查彩票资金 658.15 亿元，占同期全国彩票资金的 18.02%。审计查出虚报套取、挤占挪用、违规采购、违规购建楼堂馆所和发放津贴补贴等违法违规问题金额 169.32 亿元，占抽查资金总额的 25.73%；涉及彩票公益金资助项目 854 个，占抽查项目数的 17.2%。[①]

---

① 审计署办公厅. 2015 年第 4 号公告：彩票资金审计结果［EB/OL］.（2015–06–25）［2018–12–20］. https://www.audit.gov.cn/n5/n25/c67336/content.html.

（2）支付制度。

政府购买服务的资金是社会组织的重要收入来源，对于尚处成长期的我国社会组织来说意义更加重要。现阶段，我国财政资金支付环节还存在制度不完善、支付程序繁琐等很多问题，这些问题都将严重阻碍购买资金的畅通流转。

保障财政资金顺畅高效地支付，避免出现资金滞留问题，至少应该从以下几个环节进行优化。

第一，进一步优化财政转移支付结构。转移支付分为一般性转移支付和专项转移支付两类。前者通常由各级财政部门审批，用于改善地区基本公共服务，但不具体指定用途。后者通常由各部门审批拨付，用于教育、医疗等具体领域。我国财政转移支付结构中存在的最大问题是专项转移支付比例过高，而一般性转移支付比例过低。因为专项转移支付规定专款专用，因此，在公共事务日趋复杂的形势下，专项转移支付越来越成为限制基层政府财权的障碍。所以，有些地方开始逐步改革，通过提高一般性转移支付比例，可以给予基层政府更多的自主权，让其结合自身实际需求提高公共服务水平。

第二，赋予基层政府与事权相匹配的财权。从中央到省级行政区域，再到市县以及乡镇，都应该建立与事权相匹配的财权。公共体育服务主要是面向广大群众，所以，基层政府实际承担更多的事权，但其拥有的财权并不匹配其所承担的事权。

第三，将专项转移支付纳入预算管理和国库集中支付。预算是保障资金支付的先决条件。一些专项转移支付资金由于没有纳入预算管理，没有采取国库集中支付方式，所以会导致使用混乱。

第四，积极探索跨级转移支付。从 20 世纪 90 年代末开始，浙江、江苏、湖北等省份就已经开始进行"县财省管"的改革尝试。通过"县财省管"，一方面，省一级可以统筹规划财政资金转移支付，由"补缺口"转向"促均衡"，可以缩小地区间的差异，提高贫困县的公共服务水平；另一方面，通过减少管理层次，使资金缴拨环节更加通畅。例如，湖北省在实行"县财省管"之后，调度资金由省直接拨付到县，减少了市级中间环节，每月的调度资金一般一到两天就能收到，缩短资金在途时间十五天左右，提高了资金使用效率。[①]

第五，国库集中支付制度。经过近二十年的改革探索，我国财政国库管理框架基本建立，从中央到乡镇各级预算单位都实施了国库集中支付制度。国库集中支付是指将政府所有的预算内资金（一般预算内资金、政府性基金）、预算外资金以及其他财政资金集中在国库专用账户，对各级预算单位的所有财政资金支付不再采取以往层级制划拨的方式，而是均由国库直接支付给商品供应商和劳务供应者，取消各预算单位的资金账户。显然，国库集中支付制度可以提高财政资金支出的透明度，利于监督，并且省去了资金在各级部门之间的流转过程，避免财政资金被截留。财政资金直接支付到服务供应商，提高了资金支付效率和资金使用效益。

国库集中支付分为直接支付和授权支付两种方式。直接支付是由财政部门根据预算单位的支付申请，向代理银行签发支付指令，代理银行根据支付指令将资金直接支付到服务供应商，并与国库单一账户进行结算。直接支付范围通常适用于工资支出以及列入政府采购预算和

---

① 郝国庆. "县财省管"在湖北［J］. 领导之友，2006（1）：20-21.

政府采购计划的支出。授权支付指预算单位根据财政部门的授权以及相应额度，自行签发支付指令，通过预算单位零余额账户将资金支付给服务供应商。授权支付范围通常适用于零星采购支出、特别紧急支出以及经批准的其他支出。

国库集中支付制度是我国财政支出的重要改革方向。尽管改革已经全面推开，但我国受计划经济时代的层级拨付制度的影响，改革注定不会一蹴而就。结合政府购买公共体育服务中的资金支付，笔者认为至少还应该重点加强以下几个方面。

第一，加强预算约束。国库集中支付的依据是各级预算单位的用款计划，因此，各级预算单位的预算编制是否科学、规范将会影响到国库集中支付的顺畅程度。由于纳入国库集中支付的财政资金涉及一般预算内资金、政府性基金以及转移支付资金等，所以，各级预算单位在编制预算时应该统筹考虑，将不同来源的资金进行综合性预算。只有将所有财政性资金统一纳入国库集中支付，才能确保购买公共体育服务资金的透明度、效率和效益。

第二，加强体育彩票公益金的管理。体育彩票公益金应该纳入预算管理，采用国库集中支付制度，政府部门必须制定相应的规范性文件，严格管理。

第三，加强专项转移支付管理，财政专项资金也应该纳入国库集中支付。例如，2011 年财政部驻江西省财政监察专员办事处在执行检查时发现，各级财政部门开设多个财政专户用于存放财政专项资金，有的多达上百个。原因主要有：一是上级部门在分配资金时要求专户管理，如财政扶贫资金；二是财政部门为帮助地方银行完成存款任务并获得一定的存款利息；三是财政部门为方便使用调拨资金，逃避预算监督。因此，除依照法律法规和国务院、财政部的规定纳入财政专户管理的资金外，预算安排的资金应全部实行国库集中支付制度，切实提高国库资金支付效率、安全性和透明度，严禁违规将财政资金从国库转入财政专户并虚列支出，严禁违规将财政资金支付到预算单位实有资金银行账户。①

第四，加强预算单位的激励制度。在原有体制下，基层预算单位财务人员"既算账又理财"，改为国库集中支付后，预算单位"只见指标不见钱"，这在一定程度上会降低预算单位的积极性。所以，在保证预算规范的基础上，有必要探索激励机制，调动预算单位优化预算编制的积极性。

5.2.4 延伸：与公共体育服务事权相匹配的财权（支出责任）

简单地说，在公共体育服务领域中，事权是指政府处理公共体育服务供给中有关事务的"权力"，财权是指获取财力、支配财力的"权力"。现在的官方文件已经将"财权"替换为"支出责任"，强调政府的财权仅限于支出，而且是必须尽到的义务。现代财政应当以服务民生为根本，是市场配置资源机制的有力补充。客观地说，我国公共体育服务领域存在不同层次上的事权与财权不匹配之处，导致《预算法》的作用未能充分发挥，因此政府应正确处理事权与财权之间的关系。

（1）确定事权。

确定事权的基本原则之一是要厘清政府与市场的边界。在公共体育

---

① 财政部关于进一步规范地方国库资金和财政专户资金管理的通知［EB/OL］.（2015-04-27）［2018-10-20］. http://www.mof.gov.cn/gkml/caizhengwengao/wg2014/wg201411/201504/t20150427_1223642.htm.

服务供给中，各级政府和体育行政部门不能越界，市场能决定的事情，政府不要干预。政府只需为市场机制做好服务，并保障"市场失灵"情况下公共体育服务的供给。如果政府过度干预，其事权以及财权也必然会无限扩张，违背了"有限政府""服务型政府"的改革目标。

（2）根据事权分配财权。

中央和地方政府之间、各级地方政府之间、政府和体育行政部门之间以及财政部门与体育行政部门之间存在多层次的事权与财权不匹配现象，财权过于上移，而事权过于下放。基层政府和体育行政部门往往承担着更重的公共体育服务任务，但可支配的财政资金受限。2016年8月，国务院发布的《国务院关于推进中央与地方财政事权和支出责任划分改革的指导意见》指出，做到支出责任与财政事权相适应。按照"谁的财政事权谁承担支出责任"的原则，确定各级政府支出责任。全民健身成为国家战略，中央与各级地方政府肩负着重要的使命，应当投入更多的、来自税收收入的财政资金来支持群众体育发展。体育彩票公益金作为财政资金的重要补充，应当将中央政府统筹去支援社会保障、养老等领域的数百亿体育彩票公益金返还体育行政部门，或者提高该项统筹政府性基金中公共体育服务支出的比例。①

5.3　资源依赖机制

资源依赖理论是组织间关系的重要理论，它基于以下假设：（1）组织最重要的是关心生存问题；（2）组织需要生存资源，但通常不能自

---

① 易剑东，任慧涛. 事权、财权与政策规制：对中国体育公共财政的批判性阐释［J］.当代财经，2014（7）：21-32.

己生产这些资源；（3）组织必须与它所处环境中的多个因素互动，这些因素中也包括其他组织；（4）组织的生存建立在控制它与其他组织关系的能力基础之上。组织间的依赖程度取决于 3 个决定性因素：资源对于组织生存的重要性；组织内部或外部一个特定群体获得或处理资源使用的程度；替代性资源来源的存在程度。^① 如果某个组织急需某种稀缺资源，并且这种资源不存在可替代的来源，那么，这个组织将会高度依赖控制这种资源的其他组织。组织间的依赖关系是相互的，当一个组织的依赖性大于另一个组织时，双方的权力将会不平等。另外，一个组织不会一直被动地依赖环境，在相互依赖以获取资源的同时，也会主动通过不同的策略控制或改变环境，尽量降低对关键性资源的依赖程度。资源依赖理论为正确认识当前我国政府与社会组织的合作提供了新的分析视角。

我国的社会组织处于发展初期，急需人员、资金、场地、政策、信息、技术支持等各类资源，而这些资源的供给恰恰是政府的天然优势。笔者在整理访谈记录时发现，"扶持"一词出现频率最高，达到 73 次。政府只有适当释放手中的权力和资源，社会组织才能发展壮大。此外，我国社会组织发展迅速，初具形态，在一些发达地区已经具备独立承担公共体育服务的能力。政府为了履行其维护公共利益的职责，离不开对社会组织的依赖。所以，政府要转变长期形成的"强政府"行为方式，深刻认识社会组织与政府之间的相互依赖，做到"既简政又放权"，形成政府与社会组织之间的平等依赖关系。

---

① 马迎贤. 资源依赖理论的发展和贡献评析［J］. 甘肃社会科学，2005（1）：116-119.

5.3.1　社会组织对政府资源的依赖

必须明确的是，公共体育服务不是简单的商品，社会组织承接政府购买服务也不仅仅是简单的资金–服务关系。对于现阶段的社会组织来说，除资金外，还需要政府在以下资源方面予以支持。

（1）政策资源。

政策资源是政府部门拥有的一类具有不可替代性的重要资源。在很多情况下，社会组织承接政府购买公共体育服务的过程不可避免地要受到相关政策的影响。政策影响涉及很多方面，单就购买服务行为而言，会涉及项目购买主体条件、购买方式、项目标准、项目评估等若干环节。此外，相关部门的政策也会对社会组织直接产生影响。可以说，社会组织在很多情况下不得不对政策资源产生依赖。

（2）信息资源。

政府在社会管理过程中协调管理各种社会关系，拥有绝对的信息资源优势。相比之下，政府的信息资源更全面、更专业、更精确、更及时。政府购买公共体育服务并不是简单的经济行为，而会涉及政治、经济、社会等各个方面，只有政府可以综合掌握这些信息。对于社会组织来说，如果能够及时掌握相关信息，对组织的发展规划和决策意义重大。在当前信息公开与共享制度并不完善的情况下，社会组织对于政府信息资源不可避免地会有所依赖。

（3）跨部门协调资源。

从多重委托代理的角度来看，政府虽然把具体供给公共体育服务的任务通过购买服务的形式转移给社会组织，但政府作为财政资金的支出方和公民的代理人，仍然肩负着供给公共体育服务并保障公共利益的责任。公共体育服务具有以活动为依托的特点，在服务递送过程中通常需要相关部门的支持。显然，社会组织很难单独实现与相关政府部门的对接。这就需要体育行政部门发挥协调相关部门的作用。在实践中，有些地方的社会组织开展活动受到限制，这与当地体育行政部门协调不足有很大关系。因此，随着社会组织的不断发展壮大，体育行政部门的工作内容和工作方式也必将改变。

（4）资金、场地、人力等资源。

从理论上讲，社会组织作为独立的社团法人，其物质资源的来源渠道应该更加多样化，而不是仅仅依赖政府。因为我国的社会组织发展较晚，一部分人对公益的认识还不成熟，甚至持有公益等同于免费的观念，再加上社会捐赠的渠道不畅通，所以，社会组织的收入来源渠道还比较单一，政府资金对于处于初创期的社会组织来说非常重要。另外，相对于资金来说，场地资源是制约社会组织开展活动的又一掣肘。如前文所述，如果学校等事业单位的体育场地能够开放，将会有效解决场地资源问题。而且，随着社会组织规模不断扩大，未来如何对现有场地资源进行合理分配也将是政府需要协调解决的问题。

另外，社会组织的发展还受到内部组织建设、业务能力、薪酬等因素的影响。政府及体育职能部门可以利用自身的资源优势，协调民政部门、高等院校对社会组织进行相关培训，帮助它们快速提高自身能力。

5.3.2 政府对社会组织资源的依赖

（1）满足公众多样化体育诉求。

全民健身已然上升到国家战略高度。2016年8月19日，习近平总书记在全国卫生与健康大会上强调，"没有全民健康，就没有全面小康"。全民健康不仅需要医疗卫生的保障，更需要"大健康"理念下的全民健身和全民健康深度融合。体育活动可以促使公众形成健康的生活方式，提升公众的健康水平。所以，各级政府和体育行政部门肩负着提供公共体育服务，促进公众健康的任务。随着时代变迁，政府不可能再像计划经济时代那样"大包大揽"式地具体供给公共体育服务。在人们的体育需求呈现多元化的现代社会，大包大揽的公共体育服务供给方式难以获得认同①。而各种互益性或公益性社会组织却可以灵活地开展活动并满足公众体育需求。因此，社会组织的存在可以帮助政府提供多样化服务。

（2）节约行政成本，提高公共体育服务效益。

相对于政府和企业来说，社会组织承接政府购买服务，在保证公益性的前提下，可以通过志愿形式发动项目领域内的热心人士和志愿者共同参与公共体育服务递送过程，这样能够有效地降低公共体育服务供给的成本，提高财政资金的使用效率。

（3）体现民主。

随着我国社会组织独立性和民主性逐渐提高，社会组织将会成为完善政治民主的重要载体，也必然会在治理体系中扮演其应有的角色。在政府购买公共体育服务实践中，尽管项目决策仍然主要由政府决定，但在一些地区出现的项目申请制、体育公益创投等形式已经初具社会组织自主决策的雏形。所以，寻求与社会组织的合作将会是政府民主决策的重要体现。

---

① 冯欣欣，曹继红. 政府与非营利体育组织合作：理论逻辑与模式转变——基于资源依赖的视角［J］. 天津体育学院学报，2012，27（4）：297-302.

5.3.3 非对称性依赖关系

综合上述政府和社会组织各自的资源优势可以发现，政府与社会组织之间是不对称的资源依赖关系。相比于政府，社会组织所拥有的资源处于明显劣势。因此，从整体来看，我国的社会组织无论是独立性，还是其承接政府购买服务的能力都受到限制。政社双方应当对自身具有的资源优势和劣势有清醒的认识，构建平等的资源依赖关系，打破非对称性依赖关系。

第一，从政府的角度，政府和体育行政部门必须认识到，社会组织的繁荣壮大是公民权利意识提高的结果，是时代发展的必然趋势。健康成熟的社会组织能与政府共同提高公共体育服务质量，提高政府的服务水平。所以，政府应该主动为社会组织创造良好的发展环境。

第二，从制度建设的角度，政府应加大简政放权的力度，统筹配置资源，给予社会组织更多获取资源的机会。此外，应加快推进体育事业单位改革，防止其成为政府寻求的替代性资源。在体育事业单位改革方面，一些地方已经开始采取行动。例如，2016 年 12 月 22 日，山东省人民政府办公厅发布《山东省小球运动管理中心改革工作方案》，按照政社分离的原则，将省小球运动项目各单项协会，联合组成省小球运动联合会。撤销省小球运动管理中心事业单位建制，按规定收回事业编制，注销事业单位法人，实现小球运动项目由事业单位管理向社团管理转变。

第三，从方式和策略的角度，政府要充分利用自身优势，搭建公共体育服务资源配置平台，拓宽社会组织资源获取渠道，充分利用社会资源，降低资源闲置率。例如，2017 年 6 月 12 日，北京市社会组织培育孵化平台联合体启动暨 2017 福彩金项目（第二类）推介会在北京市社会组织发展服务中心资源配置厅召开。公益协作空间是北京市社会组织发展服务中心重点打造的服务公益领域的资源共享平台，该资源共享平台可实现社会组织、资源提供方和个人在公益领域的资源和信息高效互动。①

另外，一些发达地区的社会组织发展较为迅速，从法律角度来看，社会组织属于独立法人，与政府之间的联系不密切。为了保障社会组织的公益性，政府要善于利用自身的关键性资源，使社会组织对其形成资源依赖，利用好社会组织的优势，保障公共利益。

5.4 激励与约束机制

激励与约束机制来源于市场中的企业管理，企业所有者采取方法和手段激励与约束企业经营者，以实现企业目标。激励与约束机制的本质在于克服委托代理过程中由于双方利益冲突和信息不对称而出现的"逆向选择"和"道德风险"。政府通过社会组织提供公共体育服务，既同企业经营中的委托代理关系而导致的问题具有相似性，同时，又由于公共体育服务具有"公共产品"的特殊性而与企业有所区别。

在政府向社会组织购买公共体育服务的过程中，主要存在两层比较有代表性的委托代理关系：一层是公共体育服务的消费者（公众）与政府之间的委托代理关系；另外一层是政府与社会组织之间的委托代

---

① 阎彤. 政府部门搭建公益资源配置体系 北京百余家社会组织培育孵化平台参与［EB/OL］.（2017–06–13）［2018–12–20］. https：//www.takefoto.cn/viewnews-1177642.html.

理关系。以上两层委托代理关系都会由于信息不对称而诱发"逆向选择"和"道德风险"。在第一层委托代理关系中，公众对于政府公共体育服务决策的过程并不清楚，政府具有信息优势，政府有可能为了部门利益隐藏真实的信息，公众无法对政府的公正与否以及努力程度进行监督，从而出现"逆向选择"和"道德风险"。在第二层委托代理关系中，政府在选择合适的合作伙伴时，有可能对社会组织不是非常了解，而且一旦确定合作关系后，社会组织作为公共体育服务的实际供给者，更能够掌握实际信息，有可能为了组织利益隐瞒信息，这也构成了"逆向选择"和"道德风险"。

政府在向社会组织购买公共体育服务的过程中，一方面面临委托代理问题，另一方面还面临有别于企业经营的两个困难。第一，在某些公共体育服务领域中，市场竞争机制不健全，或者竞争不充分，这会导致这些公共体育服务无法通过外部市场来定价，也就不能采取货币化的方式对公共体育服务的结果进行衡量。所以，对社会组织的激励和约束也就不能像企业那样以"创造货币价值"为一般性的衡量标准和依据。第二，在私人产品领域，顾客不满意可以选择退出，但在公共体育服务领域，即便政府的决策偏离公共需求或者政府不能提供令公众满意的公共体育服务产品，公众也不能采用"退出"的方式来中止与政府之间的委托代理关系。另外，在某些竞争不充分的领域，公共体育服务的生产与消费同时进行，公众很难"试错"，即使不满意也没有有效的措施来保护自身利益免受损害。

因此，政府在向社会组织购买公共体育服务的过程中，解决委托代理问题并构建针对社会组织的激励与约束机制非常重要。

5.4.1　针对社会组织的激励与约束

构建激励与约束机制，首先必须明确政社双方所追求的目标差异。从理论上讲，政府购买公共体育服务所追求的目标有三个：一是公共体育服务效用的最大化；二是服务支出成本的降低；三是满足公众多样化的体育诉求。而体育类社团及体育类社会服务机构所追求的目标是在实现互益或者公益的基础上，追求更多的经济利益。另外，市场规模、社会声望和社会地位等非经济利益价值对于社会组织来说同样意义重大。所以，政府构建针对社会组织的激励与约束机制应该旨在使社会组织追求自身发展诉求最大化的基础上，实现政府购买公共体育服务效用的最大化。

（1）针对社会组织的激励因素。

首先是内部激励因素。如前所述，从资源角度看，现阶段我国社会组织与政府之间存在非对称的资源依赖关系，政府可以采取满足社会组织合理需求的方式进行激励。

① 授予决策权。权力的分享对于社会组织来说是最具吸引力的激励方式。当前，政府部门至少可以与社会组织分享项目开发的决策权，引导社会组织发挥其创造性与灵活性。在公共体育服务的递送过程中，减少行政干预，给予社会组织必要的信任并赋予其一定的经营权。

② 扩大资金来源渠道。除了来自政府购买服务的财政性资金外，政府部门可以通过建立相应制度，引导企业赞助和慈善捐赠。加大宣传，引导公众形成对服务收费的正确认识。与金融单位开展合作，为社会组织提供贷款担保，或者协调银行与社会组织之间的合作。

③ 缓解办公场所经费支出的压力。在条件允许的情况下，可以通

过"孵化基地"等形式，采取免费或者低收费的方式，缓解社会组织办公场所经费支出的压力。如惠州市免费提供3层楼给体育社团用于其办公以及开展活动。

④ 协调开展群众体育活动需要的场地资源。协调学校、企事业单位、政府部门中的体育场地资源，搭建社会组织与场地资源所属单位之间的合作桥梁。

⑤ 缓解人力资源压力。采取购买岗位的形式缓解社会组织的薪酬压力。利用政府资源，协调各种专业人才举办讲座和培训，提升社会组织人力资源的能力。

⑥ 媒体宣传。协调官方新闻媒体，加强对社会组织的宣传，扩大其社会影响力，提高其公众认知度。

⑦ 经济规制。对服务供给效果好的社会组织采取资金奖励的形式给予支持。

⑧ 社会规制。利用政府的行政资源优势，对项目完成效果好的社会组织授予先进、模范等称号，评定等级，发放证书、奖杯等，如上海的星级俱乐部评定。

其次是外部激励因素。外部激励主要是运用市场竞争。竞争是市场经济的基础，可以提高资源的配置效率。竞争也可以使社会组织产生紧迫感，在外部环境促使下，社会组织不断提升自身能力。我国一些地方在改革社会组织管理的过程中，打破行业垄断，推行"一业多会"，目的就是尽快形成市场竞争的环境，在购买公共服务时可以有更多、更优的选择。市场竞争的对立面是垄断，因此，政府需要厘清市场的边界，以开放、宽容的态度对待社会组织的发展，为其进入市场做好服务，通过建立有效的制度规范市场竞争，减少行业垄断。

（2）针对社会组织的约束因素。

内部约束因素主要有以下几个。

① 合同约束。公共体育服务购买合同一旦签署，社会组织就应当履行相关约定。政府作为合同的主要制定者，应当对合同的内容尽可能地细化、量化。由于公共体育服务的特殊性，我们很难通过货币对其效用进行评定，所以，需要借助第三方进行绩效评定，评定的具体内容和方法要尽可能地在合同中进行约定。合同的法律效力可以对社会组织形成约束，保障公共体育服务项目的执行和质量。

② 法人治理结构约束。体育社团、体育服务机构作为独立的法人，应建立完善的治理结构，形成会员大会、理事会、监事会相互制衡的内部约束机制。

③ 行政监督。政府对公共体育服务项目的执行过程进行监督。政府在监督过程中，要视政社双方的关系为合作伙伴关系，政府的监督是为了社会组织更好地提供公共体育服务，预防出现违反合同的行为，培养政社双方的信任。

④ 行政处罚。《全民健身条例》《公共文化体育设施条例》等行政法规赋予了政府一定的行政处罚权。社会组织出现违规行为，政府在充分取证的基础上，可以适当运用行政处罚权对其进行处置。

⑤ 社会规制。对于出现违反合同约定、损害公共利益等行为的社会组织，可以撤销其等级评定的资格，或者给予降级处罚，并且在以后的政府购买服务中对其进行限制。

外部约束因素主要有以下几个。

① 法律约束。社会组织要厘清与政府购买服务相关的法律及其约束条款，在法律允许范围内自由地开展活动，不得触碰法律禁止领域，否则将会受到法律的严惩。

② 道德及媒体。对于社会组织来说，声誉的重要性甚至高于经济利益。因此，我们可以通过各种媒体对社会组织的不良行为进行曝光，督促其自我约束，遵守伦理道德规范。

③ 市场竞争。成熟的市场竞争兼具激励与约束的作用。竞争对手的存在使社会组织更要加强自律，约束组织行为，否则就会被市场淘汰。

④ 公众。公众是公共体育服务的接受者，是项目效果最权威的评价方。政府要构建公众反映公共体育服务质量的途径，使公众能够及时反馈意见，对社会组织形成约束。

5.4.2 针对购买方（政府）的激励与约束

在多元主体供给公共体育服务的模式中，政府的核心任务是有效配置资源。在激励与约束机制不健全的情况下，政府最可能出现的问题是权力的触角过长以及资源配置的低效率。从政府的角度来说，向社会组织购买公共体育服务是政府和体育行政部门配置资源的一项制度创新。经济学认为政府同样是理性经济人，有趋利避害的特征。因此，政府构建激励与约束机制，其目的就在于将自身利益和公共利益相结合，规范并释放手中的权力，达到高效配置资源的目的。

（1）个人利益和公共利益结合。

所谓激励与约束机制的构建，就是要形成一种能够有效地将个人的理性行为与社会的理性行为统一起来的机制，从而使个人对利益的追求在一定的约束条件下做出有利于增进社会福利的反应，从而提高效率。①
在公共体育服务供给中，应当对政府行政人员的逐利行为做具体分析。
在法律法规的约束下，政府行政人员的利益应该被给予肯定和保障；
而违反法律法规和损害公共利益的逐利行为则应当予以严格约束和惩
罚。在政府部门人事管理中，激励与约束的不匹配会导致 3 种极端现
象：一是激励不足而约束过多，导致政府行政人员畏首畏尾，什么都
不敢做，与其做了可能会犯错误，还不如不做；二是激励过多而约束
不足，政府行政人员如果只是为了利益去做事，那就会缺乏公仆精神；
三是激励与约束都不足，只注重部门和个人当前的利益，对公共事务
漠不关心，政府资源配置低效，甚至无效。笔者在对几个市级体育行
政部门的调研过程中也了解到，在很多情况下，体育行政部门能够发
现问题，也希望解决问题，但各种制度的限制导致改革不能很好地开展。
例如，某些地方已经有大量的基层社会组织，体育行政部门也想支持
它们发展，但没有可以依据的制度来明确如何支持，以什么标准支持。
因此，对于政府行政人员的激励与约束，最紧迫的任务是要在制度上
明确，在法律法规允许的范围内，给予基层政府行政人员一定的自由
裁量权，把个人的能动性与公共体育利益结合起来。

（2）政治与行政上的激励与约束。

政府购买公共体育服务虽然以合同为依托，但购买资金属于财政性
资金，很多场地设施也属于公共资源，所以，政府购买公共体育服务
在本质上不同于市场制度下的"购买商品"，而是一种政治行为，需

---

① 张良庆. 政府资源配置：激励和约束机制的构建 [J]. 财政研究，1998（9）：25–30.

要经过一系列的程序。在此前提下，对政府和体育行政部门的行政人员就应当采用政治和行政手段来激励与约束。在其位，谋其政，行其责。政府要仔细确定每一位行政人员的职责，通过多种渠道搜集其职责行使的反馈信息。对于决策正确且执行效果好的行政人员给予奖励，例如职位的升迁、授予先进称号等。对于决策出现重大错误，无作为或者严重损害公共利益的行政人员则应该给予惩罚，甚至免去职务。所以，在政府部门人事管理中，应该将激励与约束制度化，使行政人员在具体承担供给公共体育服务的过程中对其职责有一定的心理预期，激发行政人员的积极性和创造力。

（3）市场的激励与约束。

市场是资源配置的基本手段之一。成熟的市场在某种程度上会对政府配置资源的行为造成一定的压力。在市场机制中不断成长壮大的社会组织本身就会对政府产生激励与约束的作用，使政府不得不转变行政理念，促进政社双方的合作。

5.4.3 延伸：赫兹伯格双因素理论下的激励与约束

双因素理论是由美国的心理学家、行为科学家弗雷德里克·赫茨伯格（Fredrick Herzberg）于 1959 年提出来的，也叫激励 - 保健理论。他认为，员工对工作不满意的因素通常与外界的工作环境有关，他将其称为保健因素。这些因素如果得到满足，并不会使员工对工作十分满意，而如果得不到满足，员工则会对工作不满意，这些因素包括：政策、管理制度、薪酬、同事关系、地位和安全保障等。

与工作本身直接相关的因素被称为激励因素，如果这些因素得到满足将会极大地提高员工的工作热情，如果不能满足则会引起员工对工作的不满，但不会有太大影响。这些因素包括：工作的乐趣、挑战性、社会认可、成就感、责任、发展前途等。

保健因素与激励因素在员工对工作的满意和不满意方面所起的作用也有所不同。我们可以用一个比喻来形象地描述保健因素和激励因素：保健因素就像"一日三餐"，不吃，人就活不下去，这些因素用来保证员工的稳定性；激励因素更像是水果，吃了，人会变得更健康，这些因素用来激励员工做出更好的表现。

在针对政府行政人员和社会组织设计激励与约束机制时，可以借鉴双因素理论。首先，要明确政社双方的保健因素和激励因素。其次，构建实现两种因素的制度，高层管理者要做到简政放权，通过项目目标来进行管理，减少繁琐的过程控制，赋予政府行政人员和社会组织裁量权，安排富有挑战性的任务。再次，丰富激励政府行政人员的"工具箱"，采取经济规制、社会规制、行政手段等多种工具来确保激励的实施。最后，根据反馈信息及时表扬和肯定优秀的政府行政人员和社会组织，动态调整两种因素的搭配。

5.5 政府–社会组织–公众协商机制

概括地说，协商旨在通过平等、公开的讨论，使政社双方或者多方之间的利益冲突得到缓解或和解；协商是共同决策的行为过程。政府向社会组织购买公共体育服务，涉及政府、社会组织、公众三方的政治利益、经济利益以及社会利益。协商是实现多维利益诉求的重要途径。

5.5.1　协商机制的多维诉求

（1）民主政治诉求。

治理的变迁反映出对民主政治诉求的回应。随着社会对公众权益的认识逐渐深入，公众权益已经不仅仅是程序上的公众参与，更包含决策、监督等权利与责任。协商既是共同讨论的博弈过程，也是民主政治诉求得以实现的途径。在行政立法、决策、监督、处罚等行为中，协商强调各种决定要在共同讨论下产生，并不否认行政机关的决策权，而是将决定建立在各种信息和公共利益基础上，满足公众的民主政治诉求。

实现身心健康与发展是人的基本权利，这一基本权利属于公众权益的基本范畴。政府和体育行政部门作为公众的代理人向社会力量购买公共体育服务，公众理应享有参与购买决策的权利与责任。公众需要的不是简单的形式上的参与，而是协商式的对话、沟通以及回应。在协商过程中，公众并不是旁观者，而是以利益相关人的身份参与表达自己的体育诉求，与政府和其他利益主体共同开展活动。

（2）建构社会资本的诉求。

协商的前提是相互信任，信任不足或者不信任都会对协商产生影响。没有对话的协商只会沦为实力较量的战场，而非追求公平正义的途径①。协商是在平等、公开的环境下进行的，良好的协商过程会促进多方的理解与信任，能够促进社会资本的积累。群众体育本身是一项"阳光"事业，建立在协商基础上的公共体育服务决策和递送将会更好地

---

① 朱海伦. 环境治理中有效对话协商机制建设——基于嘉兴公众参与环境共治的经验［J］. 环境保护，2014，42（11）：57-59.

促进社会资本的积累。

（3）多元利益博弈的诉求。

现代社会的公共事务日趋复杂，群众的体育诉求越发呈现出多元化、碎片化的状态。不同人群、不同地域、不同消费水平、不同文化背景以及个人不同阶段的体育需求都有差异。政府购买公共体育服务的目的是高效配置资源，但在公共体育服务资源有限的情况下，如何配置有限的资源？来自不同利益方的博弈将会给政府部门带来极大的挑战。所以，为了应对挑战，政府在做决策之前，必须给予公众和社会组织平等表达诉求的机会，使多元利益博弈在协商中得到缓解或和解。

5.5.2　参与协商的主体

政府、社会组织和公众是购买服务直接相关的三方利益主体。三方之间是多层委托代理的关系，每层委托代理关系都存在利益博弈和信息的不对称。从理论上讲，公众是权利的主体，但权力的集体主体很容易造成无主体，同时，协商如果过于注重公众个体的参与有时也会导致讨论主题分散和效率低下。而政府和社会组织在追求自身组织利益的同时，还兼具实现公共利益的本质属性。所以，在具体设计协商方式时，政府要充分利用社会组织的中介作用，发挥其公共利益代表者的作用。政府可以通过建立有关制度，引导社会组织对所驻区域内的群众进行调研，在充分掌握信息的基础上，召集相关社会组织进行协商，共同做出购买公共体育服务的决策。

5.5.3　协商机制的原则

政府与社会组织都具有实现公共利益的共同属性，因而具有协商的基础。协商必须在一定的制度约束下进行，否则会由于缺少监督而出现滥用协商的情况。政府在构建相应协商机制时，应该遵循以下原则。

（1）规范化原则。

政府和体育行政部门组织社会组织进行协商的内容不得超越其职权范围，不能通过协商干预社会组织的自主性。另外，要围绕如何开展协商制定相应的操作程序和管理办法，或者在现有的购买公共体育服务管理办法中明确协商程序，否则，无法可依的协商很难取得实际效果。

（2）公共利益原则。

协商的目的是使多方的利益冲突达成一致。在当前社会组织有待规范的条件下，难免会出现只顾组织利益而忽略公共利益的问题。所以，政府在解决利益冲突时，必须扮演好公共利益守护者的角色，确保协商的结果不损害公共利益。例如，政府在通过竞争性磋商选择合作伙伴的过程中，既要考虑社会组织的整体能力，还要兼顾社会组织对于公共利益的代表性。

（3）平等自愿原则。

协商一定是在政府、社会组织、公众之间三方平等的基础上进行。政府要转变管制的行政思维，明确协商的目的，以平等的身份对待各方。平等还意味着所有的社会组织都有均等的机会参与对话，表达自己的利益诉求。协商必须建立在各方自愿参与的基础上，政府不能用行政命令强制协商。

（4）公开原则。

协商结果是否合理不仅来自多元利益的理性博弈，还来自公开审视的过程。政府为了证明各种政治行为的正当性而给出的各种理由和评

价这些理由所必需的信息，都应该公之于众。首先，要确保参与协商
的社会组织或者公众清楚地了解协商的规则和程序。其次，所有协商
参与方应该知晓与协商议题有关的信息，否则，各协商参与方在对信
息不清楚的情况下很难提出有效的主张，只能被信息优势方所支配[①]。

5.5.4　不同购买环节中的协商机制

政府向社会组织购买公共体育服务涉及多个环节，只要政府的决
策和制定的政策涉及其他利益方，就应该遵循以上原则启动协商程序。
协商机制主要包括以下环节。

（1）制度建设环节。当地的财政、民政、体育以及其他有关行政
部门在制定购买公共体育服务、体育彩票公益金资助以及社会组织等
级评定等方面的规范性文件时要组织有关社会组织进行对话协商。

（2）购买项目决策与设计环节。政府、社会组织、公众应当共同
做出购买公共体育服务项目的决策。在协商过程中，政府主要在保障
公共利益的基础上，协调社会组织之间、不同需求之间、不同群体之
间以及不同地域之间的利益冲突。当做出决策之后，政府同样应当就
项目的实施、资源的支持等设计环节与社会组织进行协商，而不是采
取命令式的行政手段强制社会组织实施。

（3）项目定价环节。公共体育服务项目的定价环节要充分考虑社
会组织的实际情况，既要保证社会组织的承接成本，又要在一定程度
上激励社会组织。目前，我国大多数的购买项目属于定额购买，定价
标准不够规范，亟待规范定价制度。

---

① 刘明. 论公共冲突中多维度协商机制的构建［J］.南开学报（哲学社会科学版），2016（3）：
　　108–114.

（4）服务递送环节。通常情况下，政府在行使监督权的同时应尽可能地给予社会组织一定的自主权，发挥社会组织的灵活性与创造性。但是，如果在服务递送环节出现损害公共利益以及突发冲突的情况下，政府首先应当尝试以协商的方式解决，在协商未果的情况下再采取行政或司法手段。

（5）服务绩效评估环节。在公共体育服务的服务绩效评估环节，服务绩效评估原则上应当主要由服务接受方（公众）或者第三方组织来进行评估。但是，任何单一的评估主体都不能完全科学地衡量社会组织的服务绩效。所以，当社会组织对服务绩效的评估结果有异议或者很难进行评估时，应当采取协商的方式，通过多方对话，并允许社会组织表达自身的意见，以利于做出相对合理的评估。

5.6 绩效管理机制

20 世纪 80 年代，西方国家公共部门效仿私营部门的内部管理模式，开展政府绩效管理改革实践。政府绩效管理不等于考核，它旨在通过绩效规划、执行、评估、反馈、改进等一系列程序，提高政府公共部门的行政效率，满足公民日益复杂的公共需求和民主诉求。正如本书第二章所述，公共行政理论和实践经历了传统公共行政学说、新公共管理理论、新公共服务理论以及治理理论的演进过程。不同范式引导下的政府职能也会有差异。现代政府的公共服务职能愈发突出，为全体公民提供优质的公共服务是政府的职责。所以，在这种背景下的政府绩效管理也必然处于不断变革之中。相比于西方国家，我国在政府职能、市场体制、公民意识、制度建设等方面具有自己的特殊性，在推进政府绩效管理改革的过程中面临着不同于西方国家的挑战。换句话说，我国要在同时进行政府职能转变、规范市场、提供公共服务等多项改革进程中秉持绩效管理思维，挑战和难度可想而知。

具体到公共体育服务供给领域，政府与社会组织合作可以灵活地满足公众多元化的公共体育需求，同时，也有利于推进民主政治的进程。在治理理论的语境下，政府在购买公共体育服务的过程中不只是"出资方"和"考核方"，社会组织也不只是被动的"生产商"和"待考核"对象。这种合作模式意味着政社双方围绕共同目标，共享资源配置、公共决策等权利，共担公共体育服务供给中的风险与责任，博弈并调和组织间的利益冲突。所以，对于"合作生产"的绩效目标、绩效评估、绩效反馈也必然有别于传统意义上的考核。

5.6.1 政府绩效管理的内涵

与公共行政理论和实践演进相对应，国家与社会需求的变化导致政府职能不断转变。在不同的社会发展阶段，政府绩效管理也必然表现出不同的内涵。在计划经济时期，为了克服资源短缺并尽快提高我国的国际政治地位，政府主要通过接受自上而下的指令来统一配置各项资源，集中力量办大事。改革开放之后，国家确立了社会主义市场经济体制，发展经济是政府绩效管理的核心目标。党的十六大以后，保障和改善民生被置于更加突出的地位，多年来，公共服务概念得到普及，为公民提供优质的公共服务已经成为政府重要的职能之一，同时也是政府绩效管理的目标。党的十八大以来，我国的社会主义民主政治进程不断推进，公众渴望参与社会治理的诉求开始释放，政府职能从"为公众提供服务"转变为"与公众一起提供服务"，政府绩效管理被赋予了新的内涵。

基于此，政府向社会组织购买公共体育服务的绩效管理不应当停留在政府监管或者财政绩效层面，应当被赋予更多的价值内涵。

（1）效率。

从管理学角度来说，效率指投入与产出之间的对比关系。但是，公共服务又不同于普通的私人产品，很难通过资金收益来衡量其效率。就政府购买公共体育服务来说，高效率主要体现在两个方面。一是政府以及社会组织在提供公共体育服务中所支出的各项资源成本相对较低。这里所指的资源成本不仅包括资金，还涉及人力、物力、管理等成本。二是通过购买所提供的公共体育服务必须是社会所需要的，并且是优质的服务。否则，即使投入成本不高，产出的服务如果不符合公众需求，同样是资源浪费和低效。公共体育服务属于多投入多产出的过程，科学地评价其效率难度很大。国内有学者运用数据包络分析（DEA）方法进行实证研究，以政府财政作为投入指标，以每万人群众体育场地面积、体育科普文化活动开展次数、每万人公益性社会体育指导员数、每万人国民体质监测数等指标作为产出指标，对公共体育服务效率进行评价[①]。但从评价效率的综合性来看，有关研究仅对公共体育服务的供给数量有所体现，对于政府是否有其他资源的投入、投入成本是否有所降低、公共体育服务是否符合需求等方面还较少涉及。因此，

---

① 袁春梅. 我国体育公共服务效率评价与影响因素实证研究［J］.体育科学，2014，34（4）：3-10.

科学地评价公共体育服务的供给效率需要全面的指标体系和大量的数据作为支撑。

（2）公平。

汉语中的"公"代表公正、不偏不倚，"平"则代表平等。所以，公共体育服务中的公平也应该具有公正和平等两层含义。在政府向社会组织购买公共体育服务的过程中，笔者认为公平的内涵应该体现如下内容。一是政府公平地对待各种社会组织。这一层面的公平需要通过合理的制度来实现。例如，政府制定相应的管理办法来实施购买政策、购买程序、资源配置等，使社会组织具有平等的机会参与购买竞争，避免随意决策而导致的不公平。二是公平地面向服务对象。这里的公平重在机会平等与权利平等，而不是具体标准相同，平等并不排斥个性化。不同地区、不同消费水平、不同年龄阶段的人群其体育需求都会有所差异，甚至相邻的两个居民小区也不尽相同。所以，在政府通过纵向或横向转移支付进行购买公共体育服务时，更应该考虑到公平性和差异性，而不是使用简单的一套办法或一个标准。

（3）民主。

民主指人民所享有的参与国事或对国事自由发表意见的权利。在公共体育服务供给中，民主的价值在于更好地发挥效率，使资源的配置更优。公共利益的共同属性，使得政府与社会组织合作提供公共体育服务成为平衡效率与民主的最佳方式。因此，在购买公共体育服务的实践中，政府要认识到社会组织理应具备的独立法人特性和自治性，采取良好的协商沟通方式给予社会组织话语权、裁量权，共同承担起提供公共体育服务的职责。

5.6.2　我国政府绩效管理的特殊性

政府绩效管理是西方国家对政府行政产出和公共服务市场化进行改革的产物。中国行政管理学会高小平教授指出，中西方政府绩效管理的一个最根本的差别就是，西方国家的政府绩效管理是在市场经济成熟、公共部门法制完备、政府管理理性程度较高的前提下，以评估绩效为主要目的的一种单一型的管理工具；而中国的政府绩效管理则更多的是应用于政府，以实现发展中国家跨越式发展为目标，有着很强的主观能动性，以创造绩效为主要目的的一种综合性的管理方法[①]。也就是说，我国政府绩效管理的目的不只是评测产出，还在于借助绩效管理推动政府行政体制改革以及政府职能转变，提升公共服务的供给效能。

在我国政府绩效管理实践过程中，由于理论认识的限制，片面地采用拿来主义，借用西方的管理工具，导致政府绩效管理过程只具有绩效管理的"外壳"，而缺失绩效管理的"瓜瓤"。突出的表现就是一些地方唯绩效指标为核心，以是否完成绩效指标为评价依据。绩效指标作为绩效管理的要素本无可厚非，但我们应注意以下因素。第一，绩效指标是否科学合理？绩效指标的依据来源是什么？确定绩效指标是否经过上下级之间的沟通以及广泛的群众调研？第二，绩效指标的最终目的是什么？是通过绩效指标的考评促进政府职能的转变、行政

---

① 高小平，盛明科，刘杰. 中国绩效管理的实践与理论［J］.中国社会科学，2011（6）：4-14.

效率提升或公共服务水平提高？还是仅仅为了考核和问责？所以，政府绩效管理不是为了"管死"，而是为了"激活"政府部门及其行政人员的积极性。

5.6.3 基于合作的综合性绩效管理基本框架

从发展趋势来看，在日益复杂的环境下，政府已经不再是绩效的唯一"生产者"，政府绩效需要一个"合作生产"过程；同时，政府绩效管理只有坚持"可持续"的准则才能发挥其应有的功效[①]。政府向社会组织购买公共体育服务属于组织间合作行为，专门针对组织间合作的绩效管理研究尚处于探索阶段。在现实中，政府部门往往扮演多个角色，既作为"购买者"支配财政资金，又作为"监管者"监督购买项目的执行，确保公共利益目标的实现，同时，政府还要肩负扶持和规范社会组织发展的任务。所以，政府的特殊性以及现阶段我国社会组织的成熟度差异较大等多方面的原因使得政府在购买公共体育服务的过程中与社会组织之间的关系比较复杂和微妙。另外，就公共体育服务或者公众的体育诉求而言，内容广泛且碎片化，统一的评价体系未必能够科学地衡量公共体育服务的质量。单一的管理学模式和测量方法很难有效评价政府与社会组织间的合作绩效的复杂性，评价政府与社会组织间的合作绩效应当融入更多的政治学和社会学元素，从多维的价值角度测评政府向社会组织购买公共体育服务的行为。

政府向社会组织购买公共体育服务虽然是以购买合同为依托的，但

---

① 包国宪，王学军. 以公共价值为基础的政府绩效治理——源起、架构与研究问题［J］. 公共管理学报，2012，9（2）：89-97.

这种合同并非单纯的民事合同，尤其是现阶段购买服务还肩负着一定的政治和社会使命。所以，对其进行绩效评价需要综合考虑政府、社会组织以及公共体育利益 3 个层面的因素。政府和社会组织的具体合作过程不仅包括政社双方的行为，还包括政社双方或多方对合作项目所做的共同投入，对合作过程所做的共同管理。与此同时，受不同的合作动机和目的的支配，政社双方或多方既要追求各自组织目标的实现，又要追求共同目标的实现①。笔者借鉴史传林教授设计的政社合作绩效评价指标体系，并以其为模板，提出了政府与社会组织合作绩效评价指标框架，见表 5-4。

表 5-4 政府与社会组织合作绩效评价指标框架

维度	指标
合作投入	人力资源
	组织资源
	经费物质资源
合作管理	合作策略
	合作质量
合作产出	政府产出
	社会组织产出
	公共体育服务产出
合作效果	政治效益
	社会效益

① 史传林. 政府与社会组织合作治理的绩效评价探讨 [J]. 中国行政管理，2015（5）：33-37.

政府与社会组织合作绩效评价指标框架主要从合作投入、合作管理、合作产出、合作效果4个维度设计相关指标。

（1）合作投入维度。

合作投入维度设计了人力资源、组织资源、经费物质资源3个指标评价政府和社会组织的投入。首先，在人力资源投入中，政府及相关部门的行政人员的管理能力非常重要，需要掌握现代政府管理的知识和技能。作为公共体育服务的具体生产方，社会组织工作人员的专业知识和技能是其人力资源优势，例如，教练员和裁判员的水平、竞赛组织能力、筹资能力、市场营销能力等。政府和社会组织可以通过发动某项运动的爱好者、热心人作为志愿者，参与到公共体育服务递送过程中，因此志愿者的工作能力也很重要。另外，针对人员能力提升的相关培训也是重要的辅助因素，例如，国家体育总局、上海市体育局等都会定期开展针对政府行政人员以及社会组织从业人员的业务能力提升培训。其次，组织资源投入，从政府角度来说，主要包括与购买服务相关的政策是否完备、政府相关部门的办事效率；因为很多公共体育服务的递送需要多部门之间的协作，所以还包括政府部门间的协作情况。从社会组织角度来说，组织资源的投入包括社会组织内部管理与工作效率、社会组织与其他组织之间的协作情况。例如，惠州市户外登山协会经常与当地长跑协会、户外救援协会合作，甚至会开展跨区域的合作。最后，在经费物质资源投入中，政府购买资金对于社会组织来说是重要的资金来源渠道，甚至可以成为某些市场开发潜力有限的单项协会的生命线。同时，社会组织也要积极筹集资金，转变旧体制下完全依赖政府的理念，通过提供优质的服务合理收费，打造品牌活动吸引社会力量投资和捐赠。场地资源一直是限制社会组织开展活动的一大桎梏，因为大部分体育场地属于国有资产，所以场地资源的开放和使用离不开政府部门的协调。另外，社会组织急需扩大其社会影响力，政府有必要通过具有公信力的各种官方媒体平台协助社会组织做好宣传。例如，上海市体育局青少年训练管理处利用微信公众号"上海发布"对青少年体育俱乐部进行推广。

（2）合作管理维度。

传统的绩效评估只是政府单方面考评社会组织服务，是一种自上而下的工作考核。这种考核并不能真正反映政社双方在具体合作过程中的互动行为以及工作效率。尤其是在现阶段我国政府职能还未完全转变的情况下，更需要对政社双方合作的表现进行评价。合作管理是政社双方对合作过程的控制和协调。合作管理维度设计了合作策略和合作质量两个指标对政府与社会组织的合作管理进行评价。沟通协调是政社双方增强信任和共识的有效策略，需要建立相应的沟通协调制度，培养沟通协调与共同决策的能力。当出现利益冲突时，政府与社会组织应当以平等的身份沟通，而不是政府强迫社会组织做出让步。信息公开与及时反馈可以增进政社双方的理解和信任。在群众体育活动中，特别是某些高危项目，很容易出现伤害事故等突发情况，作为服务提供方的政府和具体组织方的社会组织都有责任共同处理，特别是体育行政部门更应该承担起事前与事中的监督工作。合作质量主要是通过合作的稳定性、持续时间、满意度以及继续合作的意愿等定性的评价要素来衡量。与私营部门不同，社会组织和政府都具有公益的共同属性，所以，应当鼓励政社双方建立长期的合作关系。

（3）合作产出维度。

合作产出指通过购买公共体育服务这一合作行为所带来的直接后果。合作产出维度设计了政府产出、社会组织产出以及公共体育服务产出三个指标评价政府与社会组织的合作产出。对于政府来说，购买服务的目的是使政府进一步简政放权、转变职能、降低行政成本、提高行政效率。对于社会组织来说，则是通过扶持提升社会组织的能力，实现社会组织的目标。如果购买服务对于政社双方都没有达到各自的目标，那么合作就失去其意义了。公共体育服务产出则主要是对具体的购买服务项目进行绩效评价，通过公共体育服务供给的数量和质量、目标群体状况的改善程度以及服务对象满意度等定量和定性相结合的方法来测量。

（4）合作效果维度。

对政府来说，高效率虽为必要，但它不是政府所追求的全部目标，"只顾低头拉车，不会抬头看路"的政府绩效背后往往隐藏着严重的问题。政府在追求效率、效益和结果的时候，也要关注公平、民主等政治和社会价值，这也是国家鼓励政府与社会组织合作的应有之义。合作效果维度设计了政治效益和社会效益两个指标对政府与社会组织的合作效果进行评价。具体实施层面通过公众对政府的信任度、公众参与度、社会公平、公共体育服务社会化程度等对政治效益和社会效益进行评价。当然，社会组织的服务水平的提升不是通过几个短期的公共体育服务项目就可以实现的，但"星星之火，可以燎原"，当良好的合作达到一定程度时便可以促进地区的社会治理。

最后，与政府绩效评价和公共体育服务绩效评价相比，对政社合作绩效进行评价更加复杂，难度也更大。

5.7　小结

国家在积极推广政府购买服务的同时也在进一步规范和改善政社双方的合作关系。政府向社会组织购买公共体育服务并非简单的经济行为，而是肩负多重使命。良好的政社关系可以促进社会治理，政府部门与社会组织之间融洽的关系对于政社双方的能力建设以及发展全民健身事业具有促进作用。

6　国内政社合作案例分析

尽管政府向社会组织购买服务属于一种新兴的服务供给方式，但是，在各地明确激发社会活力，创新社会组织管理体制的理念指引下，一些地方政府及体育行政部门加快探索转变职能，通过服务外包、资助、奖励等多种购买形式积极开展与体育社团、体育社会服务机构合作。尽管相应的制度还有待健全，但经过多年的实践，这种合作供给方式的效应已经初步显现，政府职能逐步转变、体育社会组织迅速发展、公众的多样化体育需求得到一定满足。

自 2016 年 4 月开始，笔者通过国家体育总局群众体育司和青少年体育司有关领导的协调，多次参加全国性的培训研讨，并先后数次赴广东、江苏、上海、福建、江西等地调研。笔者通过调研发现，各地在结合自身特点的基础上积累了很多实践经验，甚至某些方面的实践领先于理论的研究。因此，本章将对有关案例进行归纳，并尝试对照本书主要内容对政社合作机制进行分析。

6.1　广东省惠州市体育局 ① 与体育协会的合作

6.1.1　基本情况

惠州市体育局在构建全民健身体系过程中把发展体育社会组织作

---

① 惠州市体育局于 2019 年改为惠州市文化广电旅游体育局，本书的调研时间早于 2019 年，因此，书中仍使用"惠州市体育局"这一名称。特此说明。

为重要内容，通过政府购买服务等方式扶持推动体育协会发展壮大。截至笔者调研时，惠州市共有市级体育协会 40 余个。

每年惠州市体育局组织的百余场群众体育活动，基本上是由各体育协会以购买服务的形式承办。

有关数据显示，通过大量的群众体育活动，惠州市参与健身活动的人口数量稳步上升。

在经费资助方面，惠州市体育局对在社会中拥有一定影响力的体育协会独立运作全民健身活动和技能培训给予适当的经济补偿，体育行政部门每年均通过购买服务的方式委托体育协会组织相应的全民健身活动和技能培训。

惠州市体育局与各体育协会开展了长期的合作，不仅促进了各体育协会的发展，而且逐渐形成了惠州市的群众体育特色品牌。例如，"篮协杯"篮球赛、"乒协杯"乒乓球赛已分别连续举办多年；惠州市登山户外运动协会组织的"磨房 60 公里徒步"项目，已经成为惠州市颇具影响力的户外运动名片。

6.1.2　合作特色

（1）管理体制。

广东省自 2012 年正式推行社会组织管理体制改革，新成立的社会组织无需业务主管单位前置审批，符合相关条件的社会组织直接到民政部门登记注册，并对社会组织提出了"五自四无"的要求。惠州市已初步实现各体育协会的去行政化，各体育协会的负责人没有政府行政人员，各体育协会属于独立法人。所以，惠州市的各体育协会与体育局之间是完全"脱钩"的关系，新成立的体育协会基本由民间爱好者自下而上地发起成立。体育局也由"业务主管单位"改称"业务指导单位"。

各体育协会内部有会员代表大会等管理制度，有固定办公场所，有专职工作人员。以惠州市登山户外运动协会为例，该协会每年有一届会员大会，年中有多次小型会议。协会有2名专职工作人员，协会支出专职工作人员的工资、社保等，专职工作人员的工资在惠州市属于中等收入水平。

（2）购买公共体育服务的形式。

惠州市购买公共体育服务的形式有公开招标、单一来源采购、委托、资助、项目申请等。政府每年会列出需要购买体育协会服务的项目清单，并向社会公示，然后依据项目的规模将经费纳入预算，经费到位以后，跟各体育协会签订服务协议。

笔者通过调研了解到，惠州市的群众体育活动是按照小型多样的原则计划开展的。大型群众体育活动主要是以各体育协会主办，分项分批地来开展；开展比较成熟的、群众喜爱的一些传统项目，像"乒协杯"乒乓球赛、"篮协杯"篮球赛等，政府给予一定的补贴，委托各体育协会组织开展，体育局只是作为指导单位，各体育协会在开展过程中有较高的自主权。

另外，惠州市规定，资金达到20万元就要进行公开招标。但由于惠州市并不具备良好的竞争环境，而且体育赛事活动对专业性要求较高，所以很多情况下会采用单一来源采购的形式。例如，惠州市曾经主办一项全国级别的拔河比赛，赛事预算总金额达到40万元，按规定必须进行公开招标。但国家体育总局对于赛事器材、赛事实施标准、赛事奖金以及不同级别裁判员的补贴都有具体规定。如果按照公开招标"价低者得"的原则，就等于降低了标准，赛事无法组织实施。

（3）资源扶持。

首先是办公以及组织活动场地。这些体育协会刚创建时其条件能力都有所欠缺，又不能跟体育局合作办公，所以，政府专门拿出3层楼（原电视台办公楼）用于扶持孵化体育协会，而且完全免费，不设使用期限。各个体育协会不仅可以在那里开会、培训、举行会员大会，还可以在那里开展一些小型的活动，比如棋牌类的比赛，这里就像各个体育协会的"家"。当各个体育协会发展到一定程度，需要独立的办公条件时，自己就会搬出，例如，篮球协会、武术协会、乒乓球协会等已经搬离集中办公楼。

其次是惠州市体育局重视对各体育协会的宣传与营销。惠州市体育局自2010年开始，在各体育协会承接的活动项目中，通常会专门拿出40%的经费来用于各体育协会工作团队的工作经费，包括宣传费用。这样可以支持各体育协会进行包装、宣传，以回馈赞助商的支持。各体育协会在组织活动方面具有专业能力，但宣传和市场策划并不一定擅长，各体育协会可以委托广告公司进行宣传和市场策划。

（4）部门间的协调。

群众体育活动尤其是一些大型群众体育活动的顺利开展，离不开多个行政部门之间以及上下级政府之间的协作。体育协会虽然与政府"脱钩"，但并不等于政府不再承担其管理和服务职责。惠州市全年有100余项群众体育活动，全部由各体育协会组织开展，惠州市体育局只负责服务保障和管理指导，不直接组织活动。惠州市体育局协调公安、医疗等相关部门进行对接，以保障各体育协会开展活动需要的各类资源。

（5）合作整体效果较好。

一方面，惠州市体育局与各体育协会之间合作关系比较融洽，政社双方信任度较高，合作稳定性较好。良好合作的基础源自政社双方的平等和信任，惠州市政府及体育行政部门对于体育协会的功能和定位有更深刻的认识，积极转变政府职能，通过发展体育协会来提供更好的社会服务。另外，惠州市提供的3层集中办公地点成为搭建政社合作关系的平台，有利于政社双方的沟通与协调。

另一方面，各体育协会不断发展，并获得社会的认可。通过惠州市体育局的扶持，各体育协会都能得到不同程度的发展。例如，惠州市体育局对惠州市乒乓球协会开展活动进行的资助力度非常大，该协会发展非常快；惠州市登山户外运动协会已经连续组织十几届上万人的60公里徒步大会。在活动普及推广的同时，各体育协会也在积极实现各自的目标与宗旨，甚至对外输出服务，获得了社会的广泛认可。

6.1.3　合作机制分析与建议

笔者结合本书所构建的政社合作机制对惠州市体育局与体育协会之间的合作进行如下分析。

（1）在政社合作的价值基础方面，惠州市体育局把自身定位为服务公众、扶持体育协会发展的角色，较好地坚持了服务的价值取向。在政社合作的组织系统方面，惠州市体育局通过多种形式向体育协会购买服务，给予体育协会充分的信任，政社关系融洽。另外，惠州市体育局在财政保障上较为灵活，赋予体育协会一定的自主权。因为惠州市体育局充分认识到现阶段体育协会对政府部门的资源依赖，所以在政策保障、跨部门协调、资金场地、人力等多方面对它们提供资源扶持。由此，体育协会在良好的合作氛围中不断发展，为社会提供优质的公共体育服务。

（2）需要进一步完善的方面。

首先，相关制度有待完善。虽然惠州市体育局与各体育协会合作良好，但合作更多地表现出"人治"的特点，或者说，双方之所以能够很好地开展合作与当地政府和部门高层领导的行政风格有直接的关系。从管理角度来说，完善的制度是有效管理的保障。所以，笔者认为，惠州市应该把政府与各体育协会的具体合作实践进行理论抽象，形成相应的规范性文件，构建制度规范体系。对资助扶持的条件、要求和标准等一系列内容做出清晰的规范，制定体育协会星级评估和信用等级评估制度，提升其规范化程度，推动其持续健康发展。

其次，市场竞争环境有待改善。虽然公共体育服务所具有的特性在某种程度上会导致竞争的局限性，但并不代表不需要竞争。适度的竞争能够更好地激励与约束体育社会组织。所以，笔者认为，在某些具有市场竞争潜力的项目中，惠州市应该积极推动一业多会，形成体育协会间的适度竞争。另外，除了与体育协会合作之外，惠州市体育局还应该平等对待俱乐部等体育社会服务机构，而不是把大部分资源配置给体育协会。这样才可以形成体育社会组织之间的良性竞争，提高公共体育服务的供给质量。当然，笔者分析，惠州市之所以是有限竞争的环境，可能与当地经济社会的发展程度有一定关系，其体育社会组织的发展规模与国内一线城市相比有一定差距。

最后，绩效管理机制有待完善。如前述章节所述，对政府向社会组织购买公共体育服务进行绩效评价是一项综合性管理活动，具有重要的指导价值。虽然惠州市体育局与体育协会之间的合作较为融洽，但欠缺相应的绩效目标以及科学的指标体系。

6.2　广东省深圳市体育局[①]与体育社团的合作

6.2.1　基本情况

深圳市是广东省极具开放性的一线城市，是我国经济发展较好的城市之一，在制度改革创新方面一直处于全国的前沿，承担着示范的使命。

深圳市的体育社团数量和规模较大，并且能够覆盖大部分体育项目，在群众体育事业中承接了很多的政府公共体育服务项目。深圳市受资助力度较大的体育社团为社会体育指导员协会（以下简称社体协）。社体协是国家要求从国家体育总局到省以及市体育局必须成立的体育协会。深圳市社体协的负责人虽为社会人士，但社体协有比较强的政府背景，是所有体育协会里面唯一一个由深圳市体育局主管的体育社团。深圳市大部分群众体育培训都通过社体协开展。

6.2.2　合作特色

（1）管理体制。

在广东省社会组织管理体制改革的推动下，深圳市的体育社团是独立的法人身份，跟政府之间没有行政隶属关系，体育局不会干涉体

---

① 深圳市体育局于2019年改为深圳市文化广电旅游体育局，因本书的调研时间早于2019年，因此，书中仍使用"深圳市体育局"这一名称。特此说明。

育社团的活动。体育社团内部有会员大会、理事会等相应的管理制度，深圳市社会组织管理局每年都要对其进行年检，体育社团必须按照章程管理并达到一定要求。深圳市评级最高的体育社团是国内知名的深圳市登山户外运动协会，达到 5A 级。

深圳市充分激发社会活力，在社会组织管理中鼓励一行多会，一业多会，打破行业垄断。例如，网球项目就有市网球协会、老年网球协会、常青网球协会等。

深圳市于 2016 年 5 月在全国率先推行社会组织"多证合一、一证一码"登记制度。这一登记制度的实施不仅减少了申请人往返各部门办理证照奔波之苦，节省了社会组织的办事成本，而且加强了社会组织信用信息的数字化管理，促进了社会组织信用信息的交换共享，有助于褒扬诚信、建立失信惩戒机制，让失信者"一处失信，处处受限"，促进了社会组织的社会信用体系建设。①

（2）购买公共体育服务的方式。

深圳市规定，政府采购资金达到 50 万元就要采用政府集中采购。在达到政府采购限额标准以上的公共体育服务项目中，深圳市同惠州市一样都倾向于采用单一来源的采购方式。正如前面章节所分析的，政社合作不同于与私人部门的合作，公共服务的供给也不同于私人物品的供给，政社合作既有实现公共利益的目的，还兼有转变政府职能及实现社会组织目标的功能，无法进行充分的市场竞争。相反，如果

---

① 深圳市社会组织"多证合一、一证一码"改革工作实施新闻发布会［EB/OL］.（2016-05-31）［2017-03-09］. http://www.sz.gov.cn/cn/xxgk/xwfyr/wqhg/20160531/.

不加区别地过于追求竞争，有可能会给政社双方的合作带来负面的影响。

此外，购买公共体育服务的方式还有竞争性谈判、资助等。竞争性谈判的方式主要用于国民体质监测、宣传等领域，组织群众体育活动较少采用竞争性谈判。资助的方式主要用于政府采购限额标准以下的购买项目，通常这些购买项目属于非全额购买，相当于对体育社团承接活动的部分补贴。

（3）规范管理与制度建设。

深圳市在国内较早实行体育社会组织直接登记制度，改革比较超前，步子也比较大。放开体育社会组织的注册登记，在短时间内有效地激发了体育社会组织的活力，但同时也难以避免体育社会组织能力良莠不齐的情况。深圳市社会组织管理局对体育社会组织的监管存在很大难度。因此，为了更好地行使事中、事后的监管职能，深圳市体育局委托第三方研制规范性文件。文件主要涉及3方面的内容。

首先，对购买行为进行规范。

深圳市体育局委托第三方研制的规范性文件包括项目申报的申报条件、申报程序、激励措施等方面的内容，项目申报采用网上申报系统，保障项目申报的信息化、规范化。

其次，加强对体育社会组织的监管。

深圳市体育局意识到对体育社会组织的扶持与监管并不冲突。个别体育社会组织游离于监管之外，甚至存在"空壳组织"骗取政府资金的现象。因此，深圳市体育局可以制定相应制度对体育社会组织提出要求，如果其长期不开展活动，则年检不合格。项目申报设置一定门槛，体育社会组织必须达到相应要求才可以申报。一旦项目申报成功，体育社会组织在获得资金支持的同时，还需要接受深圳市体育局的约束与监管。深圳市体育局的上述举措旨在以项目管理为抓手，提高政府资金效益，促进体育社会组织健康发展。

最后，对体育社会组织开展公共体育服务的绩效审计。

深圳市体育局通过公开招标第三方审计师事务所对深圳市体育彩票公益金资助各体育社会组织开展体育赛事与活动的情况进行审计。审计比较粗略，一方面是对财政资金使用的审计，按照经费支出标准对支出明细进行审计，另一方面是对社会绩效的审计，将赛事总结、规程、图片等材料交给第三方审计师事务所，对社会绩效进行初步审计。

因为这种审计并不能起到很好的监督与评价作用，所以，深圳市体育局强调要加强事中、事后的监督。不同项目具有一定的差异性，社会绩效评价不宜采用统一的标准，而应突出项目开展的品牌效应与长期收益。

（4）行政资源的支持。

政府本身所具有的行政资源是其天然优势，行政资源可以帮助体育社会组织扩大其社会影响力，其重要性甚至大于资金的支持。有些体育社团的发起人具备一定的经济实力，不存在经费压力，所以，这些体育社团往往不需要政府经费的资助，只需要政府的协调和支持。在开展活动中体育局等政府部门可以作为支持单位，一方面可提高该活动的公信度，更容易获得公众认可，利于形成品牌效应；另一方面，政府的行政资源会直接影响到体育社团的宣传、广告、招商。深圳市体育局对体育社团的行政支持是建立在对体育社团及其开展的活动充分了解的基础上的。特别是对于一些高危项目，体育局的态度相对谨慎，体育局会从安全的角度去评估这个项目，并慎重地做出是否支持的决定。当体育局决定作为支持单位时，会跟体育社团强调按照要求做好安全保障，把风险降到最低。

6.2.3　合作机制分析与建议

深圳市作为国内一线城市的代表，同时又是社会组织管理体制改革的前沿，其在改革过程中积累的经验以及出现的问题对其他地区和城市具有很好的借鉴价值。

（1）在政社合作的价值基础方面，面对体育社团数量的快速增长，深圳市体育局致力于规范体育社团的发展，把自身定位于引导有序竞争的管理者角色。在政社合作的组织系统方面，深圳市体育局改变以往的直接供给模式，灵活采用单一来源、项目委托、资助等采购方式，体育局与体育社团之间更倾向于简单的"购买"与"承接"关系。在政社合作技术系统方面，深圳市体育局积极制定相关制度，通过规范项目发布、购买服务、绩效评估等环节，规范体育社团的行为。

（2）深圳市面临的问题是，在取消体育局的前置审批之后如何更有效地监督管理体育社团，如何发挥体育社团的作用，保障承接公共体育服务项目的体育社团能够有效开展活动。这种局面对体育局来说是一个新的挑战。深圳市体育局希望通过严格的制度来规范体育社团的行为。作为社会治理体制中的主导方，政府更应该有超前的思维，在实践中融入治理的元素，具体包括两个方面。

一方面是构建体育局与体育社团之间的沟通平台。深圳市体育局与体育社团之间的信任度有待提升，而信任的前提是政社双方有效沟通。相较于惠州市，深圳市地理位置优越，寸土寸金，房地产价格高昂，所以，深圳市很难像惠州市那样由政府提供三层楼用于孵化体育社团，深圳市政府与体育社团之间缺少沟通的平台。受制于现实条件，沟通平台的构建需要多部门的共同努力。

另一方面是创新设计社会规制。规范性文件属于社会规制范畴，深圳市希望通过制定相应的管理办法来规范管理体育社团的行为。社会规制是政府确保公共利益的传统方式之一，随着时代的发展，社会规制正在渐进式地发生转变。结合我国现阶段的特点，笔者认为，创新设计社会规制至少需要注意以下几个方面。

首先，从社会规制的出发点来说，传统的政府强力干预方式越来越显现出自身的问题。新的观点认为，政府要作为一个推动者，使社会广泛认可并遵守社会规制。所以，在设计社会规制时，政府应该进行多方协商沟通。其次，从社会规制的内容来说，传统管理方式要求明确预期的行动，也就是规定体育社会组织可以做什么、不可以做什么，政府根据社会规制来判断其行为是否合规。新的观点用较温和的绩效标准来代替过于严苛的管理标准，也就是说，政府在一定程度上允许体育社团采取不同的路径来实现目标，而不是必须按照预定的行为达到目标。再次，从社会规制的具体手段来说，政府应当坚持处罚与奖励并重的原则。在具体实施过程中，要牢牢抓住体育社团注重社会影响力这一关键环节。在某些已经形成市场竞争环境的领域内，通过媒体、社会公共舆论等渠道，对体育社团进行激励与约束，例如，评定社团"星级"，并在相应官方宣传平台进行发布等，而不是使用强制性的经济处罚和行政处罚。

6.3 上海市青少年训练管理中心与青少年体育俱乐部的合作

6.3.1 基本情况

上海市是国内较早开展体教结合的城市，特别是在动员社会力量参与青少年体育发展方面已经积累了多年的经验，取得了非常好的效果。上海市青少年训练管理中心（以下简称青训中心）是上海市体育局全额事业单位，承担着上海市青少年体育俱乐部（以下简称俱乐部）的业务指导、考核评比、表彰奖励以及各项青少年体育活动的开展等工作。青训中心拥有上海市青少年体育管理的行政职能，以开放的理念进行俱乐部的服务管理工作，推动了"政府引导、公益为先、社会参与、市场调节"的青少年体育发展新局面的形成。

据介绍，截至笔者调研时，上海市有将近300家受体育彩票公益金资助的俱乐部，除此之外，还有700多家正在从事青少年体育培训但未纳入管理的俱乐部。青训中心通过竞争性磋商、项目委托和扶持性资助等多种形式与俱乐部开展合作，有效促进了俱乐部的快速成长，打造了一批国家级、国家示范级俱乐部。这些优质俱乐部逐步形成了专业的团队和自身的文化，具备承接国家级青少年体育赛事的能力。另外，青训中心积极引导俱乐部开展青少年体育公益活动。

经过多年的实践，青训中心与俱乐部之间已经从过去的单一赛事承接的合作模式，发展到可以开展公益培训、社区运动会、学生运动会、青少年运动员训练等多项青少年体育事业的合作体系。

6.3.2 合作特色

（1）青训中心的服务理念。

作为上海市体育局全额拨款的事业单位，青训中心拥有上海市青少年体育管理的行政职能。在调研过程中，青训中心屡次强调为俱乐部服务的理念。作为国内一线城市，上海市具有经济和社会发展的优势，俱乐部拥有优质的发展环境。从法律角度上说，俱乐部是独立经营的法人实体，政府部门虽然具有监管的职能，但面对规模日渐庞大的俱乐部群体，政府部门往往很难通过有效的途径来管理俱乐部。如果仍然采取传统的"家长式"管理模式，则会导致两个极端：一方面可能会破坏已经形成的俱乐部网络，造成资源的流失；另一方面，更有可能出现俱乐部对政府部门"置之不理"的局面，导致俱乐部脱离监管。青训中心认识到俱乐部在青少年体育事业中的价值，并准确洞察到俱乐部在发展过程中所需要的资源。因此，青训中心以服务俱乐部为管理理念，在帮助俱乐部实现其组织利益的同时，引导俱乐部主动参与到合作中，政社双方共同助力于青少年体育事业。

（2）购买方式。

竞争性磋商。竞争性磋商属于政府集中采购的一种方式，通常适用于技术复杂或者性质特殊，不能确定详细规格或者具体要求以及不能事先计算出价格总额的服务项目。[①]与公开招标的"一次密封报价"和竞争性谈判看重"低价"不同，竞争性磋商更注重承接方是否能够满足购买方的需求，服务报价在综合评分中的权重较低。上海市规定，

---

① 财政部. 关于印发《政府采购竞争性磋商采购方式管理暂行办法》的通知［EB/OL］.（2014-12-31）［2016-12-28］. http://www.gov.cn/zhengce/2016-05/25/content_5076568.htm.

政府采购公共体育服务的限额标准达到 50 万元以上就必须委托集中采购机构进行集中采购。因为上海市的俱乐部已经形成规模，具备竞争择优的条件，因此，一些资金较大且技术标准复杂的项目通常采用竞争性磋商的方式来进行购买。上海市社会组织管理局也制定了专门的上海市承接政府购买服务社会组织推荐目录，其中包括很多优质的俱乐部。

项目委托。项目委托通常适用于购买资金在政府采购限额标准以下的项目。青训中心通过组织专家评定后，委托俱乐部开展组织市（区）级比赛、俱乐部交流赛、俱乐部开放日活动、技能培训等活动。另外，青训中心还会组织针对俱乐部能力提升方面的培训，也会委托业务开展得较好的俱乐部来承办培训。

扶持性资助。青训中心定期组织专家对俱乐部进行等级评定，通过评定的俱乐部被授予一定等级，并给予相应等级的配套扶持资金。

（3）激励导向的社会规制体系。

面对规模日渐庞大的俱乐部网络，体育局与青训中心坚持服务型管理方式，培育、规范俱乐部建设，激发俱乐部活力，构建了一套以激励为导向的社会规制体系。

首先，通过层级制度激励俱乐部。体育局结合国家体育总局开展的国家级俱乐部评定，对全市受体育彩票公益金资助的俱乐部进行等级评定，分为四级：一级是体育彩票公益金资助的俱乐部；二级是经认定的上海市市级俱乐部；三级是国家级俱乐部；四级是国家示范级俱乐部。俱乐部自 2015 年开始开展星级俱乐部评定，根据俱乐部的业务开展情况，俱乐部被分为四个星级。其中，一星的多为市级俱乐部，四星的为国家示范级俱乐部。俱乐部持有星级周期为3年，体育局每年会给予俱乐部相应等级的经费资助。星级俱乐部评定既可以激励俱乐部的发展，又可以非常直观地向社会展示俱乐部的质量。

其次，通过评优激励俱乐部。青训中心通过多种评优方式来加强对俱乐部开展青少年体育活动的监管。评优方式有俱乐部年度评优，如俱乐部连续2年及以上获评优秀会员俱乐部，将在市级及以上俱乐部评优工作中被优先推荐为备选单位。另外，针对青少年体育的特点，青训中心对俱乐部在暑期开展夏令营的情况进行优秀夏令营评选，这既是对表现优秀的俱乐部的肯定，也是对其他俱乐部的示范性激励。

最后，人力资源支持。体育局和青训中心通过各种购买服务的形式给俱乐部提供资金支持，还根据俱乐部的现实需求，帮助俱乐部规范内部管理，解决俱乐部从事青少年体育活动人员不够专业等问题。青训中心每年都会定期开展形式多样的座谈会、业务培训，既有理论学习，也有经验交流和实地观摩，涉及俱乐部会计制度、裁判员或教练员培训等内容。

（4）媒体宣传与信息公开。

体育局与青训中心充分发挥政府媒体资源优势，通过多种媒体渠道加大对俱乐部的宣传、监督，起到了非常好的激励与约束作用。采用较多的媒体渠道有体育局以及青训中心官方网站、"上海发布"微信公众号、上海市青少年体育公众号等。通过各种媒体渠道，市民群众可以从多角度了解各个俱乐部的相关信息。

另外，青训中心的政务公开工作开展得非常好，大多数的政务信息都可以在其官方网站查询到，包括工作人员每天的工作日程都非常清楚。

（5）规范的评估制度。

体育局与青训中心对每一项评估都精心设计了评估标准、评估方法、评估工作安排，并公开全部细节。

体育局与青训中心在评估过程中有效利用上海市的专家资源优势，邀请来自相关领域内的专家组成第三方评估小组，通过详细的评估指标体系、现场汇报以及专家实地查看等形式进行综合评估，保证评估的公平合理。

6.3.3 合作机制分析与建议

经过多年的实践，体育局、青训中心与俱乐部之间建立了融洽的合作伙伴关系。

（1）在政社合作的价值基础方面，体育局与青训中心加快转变政府职能，从管制向服务的角色过渡。它们充分认识到俱乐部在提供社会服务、构建青少年健康理念过程中的重要作用，尊重俱乐部的利益诉求，帮助其实现组织目标。在政社合作的组织系统方面，体育局与青训中心对区（县）一级的俱乐部实行直接登记制度，平等地对待这一级的俱乐部，将服务意识体现于政社双方的合作中。在政社合作技术系统方面，体育局与青训中心能够厘清俱乐部所需资源，通过多种购买形式有针对性地为其提供资源支持。体育局与青训中心构建了一套以激励为导向的社会规制体系。俱乐部也努力提升自身能力，积极配合政府共同致力于青少年体育事业。政社双方的合作显现出公平、公开、规范、融洽的风貌。

（2）为了更好地推进政社双方的合作，结合本书的理论框架，从治理的角度，笔者认为还可以在以下两个方面继续完善。

首先，加强基于合作的综合绩效评估。上海市案例中涉及的购买服务绩效评估，总体上还属于政府对俱乐部的单向评估。尽管体育局、青训中心与俱乐部之间的合作已经较为融洽，政府的理念较为开放，但对政社双方合作的质量进行客观评价是有所欠缺的。结合本书的理论框架，笔者建议在今后的绩效评价中加强基于政社双方合作投入、合作管理、合作产出、合作效果的综合绩效评估，尤其是合作投入和合作管理的评估能够帮助政社双方更清楚地发现合作中存在的问题。另一方面，通过综合绩效评估也有利于将上海市已经形成的良好合作关系向其他地区和城市推广。

其次，加强体育与教育部门间的协作。体育事业的发展离不开两大重要资源：人与场地。青少年属于在校学生，学生用于体育锻炼的课余时间、家长的教育理念、学校开放的场地资源等条件都会影响俱乐部活动的开展，而上述条件的满足与教育部门有直接关系。

现代社会的公共需求的满足离不开多方的协作，因此，一方面，体育行政部门应该通过多种形式加强与教育部门的合作，另一方面，政府要尽快打通体育行政部门与教育部门之间的沟通壁垒，避免政策的孤立性与封闭性，促进部门间的合作共赢。

6.4 小结

显然，在推进政府与社会组织合作提供公共体育服务的过程中，惠州市、深圳市和上海市的实践过程既有相似性，又有基于不同的经济与社会发展水平而导致的差异性。

深圳市与上海市属于国内超大型城市。两个城市的政府购买公共体育服务的资金总量较大，体育社会组织网络形成一定规模，已经具有开展竞争择优的条件。因此，这两个城市在培育壮大体育社会组织的同时要更加注重构建规范的合作制度，激励体育社会组织有序参与竞争。惠州市作为国内Ⅱ型大城市，经济和城市常住人口增长速度都较快，但经济总量不大。经济和社会的发展现状在一定程度上使惠州市体育社会组织的规模并未达到可以开展充分市场竞争的条件。所以，惠州市的做法是培育体育社团，使体育社团更加规范，项目更加丰富，加快形成体育社团网络，提高体育社团承接政府购买服务项目的能力，通过与体育社团之间的良好合作来满足大众的公共体育需求。

参考文献

［1］彭少峰，张昱. 迈向"契约化"的政社合作——中国政府向社会力量购买服务之研究［J］. 内蒙古社会科学（汉文版），2014，35（1）：161-166.

［2］王丛虎. 政府购买公共服务的底线及分析框架的构建［J］. 国家行政学院学报，2015（1）：69-73.

［3］张汝立，等. 外国政府购买社会公共服务研究［M］. 北京：社会科学文献出版社，2014.

［4］苗红培. 政府与社会组织关系重构——基于政府购买公共服务的分析［J］. 广东社会科学，2015（3）：205-212.

［5］曾维和，陈岩. 我国社会组织承接政府购买服务能力体系构建［J］. 社会主义研究，2014（3）：113-118.

［6］史传林. 政府与社会组织合作治理的绩效评价探讨［J］. 中国行政管理，2015（5）：33-37.

［7］汪波. 政府购买公共体育服务：国际经验与我国推进路径［J］. 上海体育学院学报，2014，38（6）：25-30.

［8］王名. 社会组织论纲［M］. 北京：社会科学文献出版社，2013.

［9］严益州. 德国行政法上的双阶理论［J］. 环球法律评论，2015，37（1）：88-106.

［10］冯欣欣，曹继红. 政府与非营利体育组织合作：理论逻辑与模式
转变——基于资源依赖的视角［J］. 天津体育学院学报，2012，
27（4）：297-302.

［11］袁春梅. 我国体育公共服务效率评价与影响因素实证研究［J］.
体育科学，2014，34（4）：3-10.

［12］萨拉蒙. 政府工具：新治理指南［M］.肖娜，等译. 北京：北
京大学出版社，2016.